X *1283.*
E.

I0118294

1283.
B.

# MÉTHODE
## FACILE
POUR APPRENDRE PROMPTEMENT

L'ORTHOGRAPHE

ET

LES PREMIERS PRINCIPES

DE

GRAMMAIRE FRANÇAISE.

13038

# MÉTHODE
## FACILE
### POUR APPRENDRE PROMPTEMENT
## L'ORTHOGRAPHE

### ET

## LES PREMIERS PRINCIPES

### DE

## GRAMMAIRE FRANÇAISE,

Par Charles GUILLON, Maître de Pension,
a Grenoble.

---

Les distinctions raisonnables éclairent,
Les distinctions vainement multipliées embarrassent.

---

GRENOBLE,

Chez F. Allier, Imprim. du Roi, cour de Chaulnes.

1818.

Les exemplaires prescrits par la loi ont
été déposés.

Tout contrefacteur sera poursuivi devant
les Tribunaux compétents.

# PRÉFACE.

CE petit Livre n'avait pas besoin de préface, cependant, dit-on, les préfaces sont nécessaires pour avertir le lecteur, ou du dessein de l'auteur, ou de l'occasion qui a fait naître son ouvrage, ou de l'ordre qui y est observé, ou de l'utilité qu'il peut apporter.

Quant à mon dessein, ce n'est uniquement que le besoin où je me suis trouvé de me mettre à la portée des enfans, et d'aider leur intelligence à se développer par degré. J'ai pu remarquer que la plupart des traités de grammaire sont peu propres à leur être offerts dans le premier âge; que d'ailleurs les abrégés laissent encore beaucoup de choses à leur dire, à leur expliquer, et qu'on ne peut cependant leur laisser ignorer. Mon but n'est donc que d'être utile aux jeunes gens; je cherche à graver dans leur mémoire, et par avance, ce que j'étais obligé de leur répéter pendant plusieurs semaines.

Gagner du temps pour mes élèves et du soulagement pour moi, voilà toute ma prétention.

L'occasion qui me l'a fait entreprendre, cela se devine : c'est que me livrant sans réserve à la conduite et à l'instruction de la jeunesse, j'ai tâché de me rendre capable de cet emploi si important, et de répondre à la confiance qu'un grand nombre de parents ont daigné m'accorder depuis le peu de temps que je me consacre à leurs enfans. En travaillant pour m'instruire moi-même, j'ai trouvé que ce que j'avais préparé pour moi pouvait servir à mes élèves, si je le mettais en un ordre quelconque. Je me suis donc décidé à faire imprimer ce que j'étais obligé, en partie, de leur dicter ou de leur faire copier.

, Quant à l'utilité, ce n'est pas à moi d'en juger ; cependant il est à propos que je confie au public, sans crainte d'être démenti, qu'à l'aide de ma méthode, j'ai mis de jeunes enfans, doués d'une certaine intelligence, en état de mettre passablement l'orthographe dans l'espace de cinq à six mois au plus.

Pour ce qui est de l'ordre que j'y ai observé, l'ouvrage répond de lui-même sur ce point. Je dirai seulement un mot sur le motif qui m'a engagé à ne considérer que six parties du discours, à l'imitation du savant M. Domergue, et d'appeler les autres du nom d'invariables. On se récrie toujours sur la briéveté des abrégés ; on demande des grammaires plus complettes ; mais alors il faut donc doubler et tripler même le temps destiné aux études ; il ne faut donc plus permettre que des parents peu fortunés, ou pressés de faire apprendre un état à leurs enfans, exigent que tout s'apprenne à la fois, et fixent le terme des études de leurs enfans à l'époque où ils auraient pu commencer à faire des progrès. C'est donc encore pour gagner du temps. Cependant j'ai donné une explication suffisante de toutes les parties du discours pour donner de la facilité à ceux qui seraient ensuite dans le cas d'étudier le latin. J'en ai agi de même à l'égard des différentes sortes de verbes que je n'ai pas cru nécessaire de développer à ceux qui n'ont pas assez de temps. J'ai substitué l'*a* à l'*o* dans les imparfaits et dans les conditionnels présents des verbes. Ce systême, qui rapproche l'écriture de la prononciation sans blesser l'étymologie, entraîne aujourd'hui la majorité ; il est d'ailleurs bien préférable à l'autre. J'ai cru devoir conserver le *t* au pluriel des noms terminés en *ans* et *ens*. Au surplus ce n'est point un ouvrage neuf que j'ai entrepris, son titre le fait assez voir, et je ne crains pas de dire que je me suis aidé des meilleurs auteurs que j'avais sous les yeux.

J'ai remarqué aussi qu'il était très-avantageux pour les commençans d'avoir entre les mains un ouvrage dressé par demandes et réponses ; cette méthode facilite la mémoire des enfans, et les met mieux en état de répondre aux questions qu'on leur adresse pendant la leçon. C'est un motif de plus qui m'a très-fort engagé à écrire.

Au reste j'écris pour des jeunes enfans ; c'est pour des commençans que j'ai dressé cet ouvrage, et plus particulièrement pour ceux dont il plaît à Dieu de me donner la conduite. Si ce Livre tombe dans les mains de personnes plus éclairées, je demande leur indulgence en faveur du motif qui m'a guidé, les priant de recevoir de bonne part ce qu'elles y trouveront de bon, et d'excuser ce qu'elles y trouveront de défectueux, m'engageant d'ailleurs à recevoir franchement, et avec satisfaction, les observations qu'elles auraient à me faire.

# INTRODUCTION.

## De l'Orthographe.

*D.* Qu'est-ce que l'orthographe?

*R.* C'est l'art d'écrire les mots correctement, et avec toutes les lettres et tous les signes convenables et nécessaires.

Les différentes parties de l'orthographe ont pour objet, 1.º les *lettres;* 2.º les *mots;* 3.º les *accents* et autres signes usités dans l'écriture.

*D.* Comment peut-on apprendre l'orthographe?

*R.* D'abord en se rendant familières les principales règles de la grammaire, en lisant, et sur-tout en copiant beaucoup.

## Division des Lettres.

*D.* Comment se divisent les lettres ou caractères de l'alphabet?

*R.* Les lettres, au nombre de vingt-quatre, se divisent en *voyelles* et en *consonnes.*

*D.* Qu'appelle-t-on voyelles?

*R.* On appelle voyelles tout caractère (ou lettre) qui, prononcé seul, forme un son et une voix.

On en compte cinq : *a* , *e* , *i* , ou *y* , *o* , *u*.

*D.* Qu'appelle-t-on consonne ?

*R.* On appelle consonne tout caractère ( ou lettre ) qui sonne avec les voyelles, et qui ne saurait se prononcer sans leur secours ; tels sont : *b* , *c* , *d* , *f* , *g* , *h* , *j* , *l* , *m* , *n* , *p* , *q* , *r* , *s* , *t* , *v* , *x* , *z* , et, qui se prononcent avec le secours de la voyelle *e :* *be* , *ce* , *de* , *ne* , *que* , *he* , *le* , *me* , *etc.*

( *Nota.* Voyez pag. 123, pour apprendre à connaître le genre des lettres ).

## Des Syllabes.

*D.* Qu'appelle-t-on syllabe ?

*R.* La réunion des voyelles et des consonnes fait ce qu'on appelle syllabe, ou autrement la syllabe est un son complet qui est quelquefois composé d'une seule lettre, mais pour l'ordinaire de plusieurs ; tels sont : *bal* , *rat* , d'une seule syllabe ; *bouche* , *bonté* , de deux syllabes ; *débauche* , de trois syllabes ; *ordinaire* , de quatre syllabes.

*D.* Quel nom prend un mot suivant le nombre de syllabes qui le composent?

*R.* On nomme *monosyllabe* le mot d'une seule syllabe ; *dissyllabe* , celui qui en a deux ; *trissyllabe* , celui qui en a trois ; *quadrisyllabe* , celui qui en a quatre ; et enfin, *polysyllabe*, celui qui en a plus de quatre, sans en fixer le nombre.

*D.* Une voyelle peut-elle faire une syllabe ?

*R.* Une voyelle seule peut faire une syllabe ; deux voyelles aussi peuvent former une syllabe ou entrer dans la même syllabe ; *les consonnes ne peuvent seules former une syllabe.*

*D.* Comment appelle-t-on une syllabe à plusieurs voyelles ?

*R.* Quand deux voyelles se font entendre l'une et l'autre dans une syllabe, ce son se nomme *diphtongue*, parce que les deux sons se joignent en un son complet : tels sont *oi* dans voix ( que l'on prononce *voa* ), *ui* dans nuit ; *o* et *e*, joints ensemble, font aussi une diphtongue qui nous vient de l'étymologie ( ou origine du mot ).

## Des Mots.

*D.* De quoi se sert-on pour parler et pour écrire ?

*R.* On emploie les mots, les mots sont composés de syllabes et les syllabes sont composées de lettres.

*D.* Qu'appelle-t-on mot ?

*R.* On appelle mot ce qui se prononce à part et s'écrit aussi à part ; ainsi, *le*, *nous*, *livre*, *amitié*, *lire*, sont des mots.

*D.* Que doit-on faire avant de tracer un mot ?

*R.* Il faut le couper par syllabe.

Par exemple, si l'on me donnait à écrire *miséricordieusement*, je dirais *mi-sé-ri-cor-di-eu-se-ment*, mais je l'écrirais sans séparer les syllabes.

*D.* Comment appelle-t-on la première et la dernière lettre d'un mot ?

*R.* La lettre qui commence le mot se nomme *initiale* et celle qui le termine se nomme *finale*, l'avant-dernière se nomme *pénultième*.

### De la manière d'écrire les Mots.

Avant d'entrer dans le détail de ce qui regarde les lettres, les voyelles et les parties du discours, il faut que les commençans aient au moins une idée de la manière d'écrire les mots qu'on est obligé de leur dicter, et des signes dont quelques-uns doivent être marqués.

## TITRE I.er

### Des Majuscules.

1.º On doit éviter de mettre des majuscules sans raison et à tous les mots. Elles s'emploient de rigueur, 1.º au commencement d'une phrase, d'un vers, d'un alinéa,

après un point (.), un point d'admiration (!),
d'interrogation (?), après deux points (:),
quand il vient après eux une citation.

2.º On met une grande lettre aux noms
propres, d'hommes, de lieux, de peuple
( quand on veut parler de toute la nation ),
de sectes, d'arts, de sciences, de rivières,
de vents. Les grandes lettres ne prennent
pas d'accents.

L'origine des mots et la dérivation sont
deux choses à bien considérer pour orthographier sans peine. ( On entend par dérivation l'origine qu'un mot tire d'un autre ).

2.º La nasale, devant le *p*, le *b* et l'*m*,
se forme presque toujours par *m*, comme
dans *ambition*, *emmener*, *amplement*, etc.
J'appelle *nasale* une voyelle suivie de l'*m* ou
de l'*n*, et qui se prononce un peu du nez.

3.º Les mots qui ont le son de l'*o* se terminent par *eau*; ceux terminés au singulier
par *al* font le pluriel par *aux*.

4.º Si deux mots avaient la même prononciation, il faudrait les écrire différemment, suivant leur signification.

5.º Les mots qui se prononcent *man*
s'écrivent *ment* quand ils viennent du verbe,
de même que les adverbes qui se forment
des noms, tels que *facilement* qui vient de
*facile*.

*Nota.* Observez que les mots en *ment*, qui déri-
vent d'un adjectif qui finit par un *é* fermé, conser-

vent cet *é* tant dans l'écriture que dans la prononciation ; ainsi écrivez et prononcez *aisément* et non
pas *aisement*, *distinctement* et non pas *distinc-
tément*.

6.º Il est facile de distinguer *et* de *est*,
car devant celui-ci on peut mettre le mot
*il* et non devant le premier ; il est nécessaire de faire cette différence en écrivant.

~~~~~~~~~~~~~~~~~~

## TITRE II.

### *Quelques remarques sur les Consonnes.*

Il est peu de *consonnes* sur lesquelles
l'orthographe ne porte une attention par-
ticulière. On a cru à propos, avant de passer
outre, d'entrer dans quelques détails sur
cette partie, afin de faciliter aux commençans l'orthographe de certains mots qui
peuvent souvent les embarrasser.

Le *B* ne se redouble que dans les mots
suivans : *abbé, abbaye.*

Le *C* se prononce comme le *k* devant *a*,
*o, u* ( *café, couteau, cuvier* ), et comme
*s* devant *e* et *i* ( *cédille, cire* ) ; il arrive
aussi que dans quelques mots le *c* a le son
de l'*s*, devant *a, o, u*, alors on y place
dessous une cédille (˛) pour lui rendre le
son de l'*s*. Exemple : *leçon, reçu, façade.*
Quand on entend dans un mot le son *ke*,
*ki*, on écrit ce mot par *que, qui*. Exemple :
*querelle, quittance.*

Le *C* se redouble dans presque tous les mots qui commencent par *ac*, *oc* ( *accomoder*, *occuper* ) ; mais si l'on entend le son du *k* après l'*e* initial ( ou qui commence un mot ), on met *x* et non deux *cc*, comme dans *exciter*, *excellent*.

Le *D* ne se redouble que dans les mots suivans : *addition*, *reddition*, *adduction ;* conservez cette lettre dans le mot *pied*, et supprimez-la des mots *blé*, *nu*, *cru*, *vert*.

Le *F* se redouble dans presque tous les mots qui commencent par *af*, *ef*, *of*, *dif*, et non devant ceux qui commencent par *def*, *ref ;* conservez cette lettre dans *clef*, ôtez-la d'*apprentif*, ne la faites pas sentir dans des *bœufs*, des *œufs*, des *nerfs*, un *œuf frais*, un *chef-d'œuvre*, etc.

Le *G* a le son *gue* devant *a*, *o*, *u*, *galant*, *gorge*, *guide ;* il prend le son du *j* devant l'*e* et le *i : génie*, *gibier ;* quelquefois il a le son du *j* devant *a*, *o*, *u*, mais alors pour lui ôter le son *gue* on interpose un *e* après le *g*, comme dans il *mangea*.

*Nota*. L'*e* muet ne sonne pas après le *g* ( *mangeant* ); l'*é* fermé sonne après le *g* ( *géant* ).

Le *g* s'emploie plus souvent que le *j* au milieu des mots : *juge*, *ange* ( aucun mot ne commence par *ji* ).

Le *H*. Il en est de deux sortes, le *h* aspiré,

comme dans la *haine*, le *héros* ; le *h* nul
( ou muet), comme dans l'*homme*, l'*honneur.*

Dans le premier cas il se nomme *aspiré*, parce que sa syllabe est plus longue
et qu'il fait prononcer du gosier la voyelle
qui suit, ce qui fait qu'on prononce séparément les deux mots *la haine* et non pas
l'*haine* (comme dans l *homme*, où le *h* est
nul), les *héros* et non pas les *zhéros*
( comme les *zhommes* ).

Dans le second cas on le nomme *muet*,
parce qu'il ne se prononce pas.

Il n'est pas possible de donner une règle
sûre pour les mots qui veulent le *h* aspiré,
il n'y a que l'usage qui vous l'apprendra ;
il faut donc remarquer avec soin les mots
qui l'adoptent, et tâcher de les retenir.

Observez aussi que la *consonne* qui
finit un mot précédant celui qui commence
par un *h*, fait connaître si cette lettre est
nulle ou aspirée ; car la *consonne* finale se
prononce devant l'*h* muet et non devant l'*h*
aspiré. Ainsi, les *habits* se prononce les
*zhabits*, un bel *habit* ( un bel l'*habit* ),
son *honnêteté* ( son *nhonnêteté* ), au lieu
que cette *consonne* ne se prononce pas devant le mot où l'*h* est aspiré, ainsi on dira
un peti *hameau* et non petit *thameau*,
lé *haricots* et non les *zharicots*, cette
*haie* et non *cetthaie*.

# TITRE III.

*Quelques mots dont l'h est aspiré.*

*Hableur, hache, hengard, haie, haillon,
haine, hair, hâlé, haleter, halle, halle-
barde, halte, hameau, hanche, hanneton,
hanter, harangue, haras, harasser, har-
celer, hardi, hareng, hargneux, haricot,
harnais, harpe, harpie, hasard, hâte,
hausse-col, haut, hauteur, havre, hennir,
héraut, hérisser, hernie, héros, herse,
hetre, hiboux, hideux, hiérarchie, hochet,
hongre, honte, houblon, houssard, hus-
sard, housard, hoquet, horde, hotte, hou-
lette, houpe, housse, huée, huguenot,
huit, huppe, hure, hurler, hutte, etc.,*
et quelques noms propres : *Henri, Louis
Hutin,* la *Hollande,* la *Hongrie, etc.*

Le *J* est ce que l'on appelle l'*i* consonne.
Autrefois on écrivait avec la même lettre
*juste* et *impie ;* on a depuis introduit cette
lettre dans notre alphabet.

Elle s'emploie pour écrire les mots dont
le son initial fait *ja, jo, ju,* comme *joie,
jambe, juge.* Il est peu de mots qui prennent le *j* au milieu, on met plutôt un *g.*

*L.* Cette lettre se redouble dans les
mots qui commencent par *al.* Elle est nulle
dans les mots *fusils, outil, baril, fils,*

*sourcil*, hors de là elle se prononce, soit dans les *substantifs*, soit dans les *adjectifs*.

*L*, soit double, soit simple, se prononce lorsqu'il est précédé de *ai*, *ei*, *oui*, comme dans *ailleurs*, *réveil*, *orgueil*. Après deux *ll* il ne faut pas d'*i*, quoique la prononciation semble le demander ; et voilà l'occasion où on l'appelle *l* mouillé. Exemple : on écrit *Bouillon*, *ailleurs*, et non pas *allieurs*, *boullion*.

*M*. Le redoublement de cette lettre ne se fait sentir que dans les mots qui commencent par *im*, comme dans *immortel*. Nous avons dit plus haut que l'*m* prend la place de l'*n* devant le *b* et le *p*.

*P* se redouble dans les mots qui commencent par *ap* et *sup*; il y a quelques exceptions.

*Q* sonne dans *cinq*, *coq*, et non quand il est suivi d'une *consonne* (cin sous).

Quand cette lettre n'est pas finale, elle doit toujours être suivie d'un *u*.

*R*. Cette lettre, lorsqu'elle est nulle, présente une difficulté. Il est donc nécessaire de bien remarquer les mots où elle se trouve. Les noms d'arbres à fruit et ceux de métier prennent un *r* final qui ne se prononce pas.

*S*. Cette lettre, entre deux voyelles, sonne comme *z* : *mesure*, *mise*, *peser*; par conséquent si l'on entend le son du *c*

entre

'entre deux voyelles on met deux *ss*, comme dans *chasser*, *finissez*.

*Nota.* On met plus souvent deux *ss* au milieu d'un mot qu'un *c*; cependant quand l's garde sa pronontion dans le mot simple, elle garde le son de *c* dans le mot composé quoi qu'entre deux voyelles. — Ainsi *séance* compose *préséance*; *supposer* compose *présupposer*.

Le *T* est un de ces caractères dont on ne connaît bien l'emploi que par un long usage, ( il faut souvent avoir recours à la dérivation ).

Par exemple : dans *nous portions*, *des portions*, voilà deux mots où le *t* est précédé et suivi des mêmes lettres; deux mots dont l'orthographe est semblable; cependant dans le premier le *t* garde le son qui lui est propre, et dans le second il sonne *c*. *Ti* se prononce *ci* dans les noms et les adjectifs qui se terminent par *tial*, *tieux*, *tient*, *tion*. Hors de là il fait *ti*, soit dans les noms, les adjectifs et les verbes.

*T* se double dans les mots qui commencent par *at* et ceux qui finissent par *ette*, *otte*.

*X.* Cette lettre sonne tantôt comme le *k*, *excès*, *exciter*, etc. ; tantôt comme *qs*, *maxime*, *sexe*, *fixer*, etc.; tantôt comme *gz*, *examiner*, *exiger*, *exemple*, etc. ; tantôt comme deux *ss*, *soixante*, *Auxerre*, etc.; tantôt comme *z*, *sixième*, *dix hommes*, etc.

*Y.* Cette lettre s'emploie ordinairement entre deux voyelles, et alors elle se prononce comme deux *ii*, *moyen*, *noyer*, *royaume*; quand elle se trouve entre deux consonnes elle ne diffère pas de la simple voyelle *i*, *Olympe*, *physique*. Quand l'*i* ne fait pas sa syllabe avec la voyelle qui est avant lui, on met deux points dessus pour montrer qu'il doit être prononcé seul comme *faïence*, *aieux*. L'*y* ne peut pas s'employer pour deux *ii*, il ne doit non plus se placer devant un *e* muet.

*Z.* Il est peu de mots qui prennent le *z*, entre deux voyelles on emploie ordinairement l'*s* qui prend le son de *z*.

*Nota.* On a réuni à la fin de cet ouvrage une suite de mots qui se ressemblent par la prononciation et s'écrivent différemment; on les nomme *homonymes.* ( Voy. pag. 124. )

---

# CHAPITRE I.<sup>er</sup>

## *Des Voyelles et des Accents.*

*D.* Qu'avez-vous à observer sur les voyelles ?

*R.* Les voyelles *a*, *i*, *o*, *u* n'exigent aucune observation, l'*e* présente seul quelques difficultés.

*D.* Combien y a-t-il de sortes de voyelles?

*R.* Deux sortes, les *voyelles longues* et les *voyelles brèves.*

*D.* Qu'est-ce que les voyelles longues ?

*R.* Ce sont celles sur lesquelles on appuie plus long-temps que sur les autres en les prononçant.

*D.* Qu'est-ce que les voyelles brèves ?

*R.* Ce sont celles sur lesquelles on appuie moins long-temps que sur les autres en les prononçant.

### *Exemples :*

Voyelles longues. *Pâte*, *tempête*, *gîte*, *apôtre*, *flûte*.

Voyelles brèves. *Patte*, *trompette*, *petite*, *dévote*, *butte*.

*D.* N'y a-t-il pas plusieurs sortes d'*e* !

*R.* Oui, on distingue trois sortes d'*e*; savoir : l'*e muet*, l'*e fermé* et l'*e ouvert*.

*D.* Qu'entendez-vous quand vous dites qu'il y a trois sortes d'*e* !

*R.* Les différentes sortes d'*e* ne viennent pas ( comme on pourrait le croire ) de ce que cette lettre se forme de trois manières différentes, mais de ce que les accents, dont elle est alternativement marquée, lui donnent un son plus ou moins prononcé, et parce qu'on appuie plus ou moins sur elle en la prononçant.

*D.* De quels accents se sert-ton pour distinguer les *e* !

*R.* 1.º De l'accent aigu qui se forme de droite à gauche ( ' ).

2.º De l'accent grave qui se forme de gauche à droite ( ` ).

3.º De l'accent circonflexe qui se forme des deux autres accents réunis par le haut ( ^ ).

*D.* Qu'est-ce donc que l'*e* muet?

*R.* On appelle cet *e* muet ( ou faible ), et il a reçu ce nom parce que le son en est peu sensible, qu'il se prononce doucement et qu'il ne reçoit pas d'accent comme dans *monde*, *voile*, *tombe*, etc.

Observez qu'après l'*e* muet on ne met jamais une double consonne, excepté quand c'est un *s*.

*D.* Qu'est-ce que l'*é* fermé?

*R.* L'*é* fermé a reçu ce nom parce qu'il se prononce rudement, et la bouche presque fermée; il reçoit l'accent aigu ( ' ), lequel n'a pas d'autre emploi, comme dans *bonté*, *café*, *amitié*, etc.

*D.* L'*é* fermé est-il toujours marqué de l'accent aigu?

*R.* Quelquefois l'*e* se prononce fermé, et cependant il ne reçoit pas d'accent, mais c'est qu'il est suivi d'un *r* ou d'un *z* que l'on ne prononce pas, comme dans *papier*, *assez*, qui se prononcent *papié*, *assé*.

*D.* Qu'est-ce que l'*è* ouvert ?

*R.* L'*è* ouvert a reçu ce nom parce qu'on le prononce la bouche plus ouverte; il a le son de *ai* et reçoit l'accent grave ( ` ) comme dans *succès*, *modèle*, *règle*.

*Nota.* On verra plus tard que l'accent grave a d'autres destinations.

*D.* L'*è* ouvert est-il toujours marqué de l'accent grave ?

*R.* Quelquefois l'*e* reçoit aussi l'accent circonflexe ( ^ ), alors on le nomme *e* très-ouvert, comme dans *être*, *extrême*, *arrêt*; quelquefois aussi il paraît ouvert et ne reçoit cependant pas d'accent, mais c'est qu'il est suivi d'un *r*, comme dans *marcher*, *aimer*, etc.

*Remarque.* Observez que la même lettre se prononce différemment, dès qu'elle est marquée d'un accent, et que cette prononciation est toute différente lorsqu'il n'y a point d'accent: Cette remarque peut également s'appliquer aux autres voyelles.

*D.* N'avons-nous point d'autres accents que ceux dont vous venez de parler?

*R.* Notre langue a communément six sortes d'accent, dont trois sont principalement destinés à marquer les différentes sortes d'*e*, et qui se placent et se nomment ainsi que nous venons de le dire.

*D.* Quelle règle faut-il suivre pour savoir quand il faut un accent sur un *e*, et pour connaître celui qui lui est propre?

*R.* Voilà la règle que l'on suit ordinairement; toutes les fois que l'*e* se fait sentir

fortement dans la prononciation ( pourvu
cependant qu'il termine la syllabe où il se
trouve ), il doit être marqué de l'accent qui
lui est propre, c'est-à-dire aigu ( ' ) si c'est
un *e* fermé ; — grave ( ` ) si c'est un *e* ou-
vert, hors de là point d'accent malgré que
la prononciation semble le demander.

*D.* Cette règle n'a-t-elle point d'exception ?

*R.* La plupart des mots terminés par *es*
conservent l'accent grave comme *succès*,
*progrès*, *près*. Exceptez-en les monosylla-
bes *mes*, *tes*, *ces*, *ses*, *des*, *les*, tu *es*.

*D.* N'y a-t-il pas d'autres circonstances
où l'*e* qui paraît ouvert ou fermé ne doit
point avoir d'accent ?

*R.* L'*e* suivi d'un *x* ou d'une consonne
redoublée, ne prend point d'accent, comme
dans *exemple*, *exiger*, *effort*, *ennemi ;* ce
qui nous renvoie à la règle ci-dessus qu'il
n'y a que l'*e* sonore et terminant une syllabe qui doit prendre un accent.

*D.* Où se place l'accent circonflexe ?

*R.* L'accent circonflexe se place sur les
voyelles longues, comme dans *tempéte*,
*extrême*, *systême*, etc.

*D.* L'accent circonflexe ne doit-il être
placé que sur les voyelles longues ?

*R.* On le place aussi sur plusieurs mots
desquels on a retranché une *s* ( ou autre
lettre ) qui existait dans l'ancienne ortho-

graphe ; par exemple , autrefois on écrivait *lasche* , *mesme* , *giste* , *throsne* , *fluste* ; maintenant on écrit : *lâche*, *même*, *gîte* , *trône* , *flûte*.

*D.* Est-ce là tout l'emploi de l'accent circonflexe ?

*R.* Il sert encore à distinguer plusieurs mots dont l'orthographe est semblable et le sens différent.

### *Tels sont :*

*Sûr* ( certain ) pour le distinguer de *sur* la table.

*Mûr* ( en maturité) de *mur* de la maison.

*Dû* ( verbe devoir ) de *du* art. composé.

*Crû* ( du verbe croître ) de *cru* du verbe croire.

*D.* Dites en peu de mots quel est l'emploi de l'accent circonflexe ?

*R.* On l'emploie : 1.° pour marquer qu'une voyelle est longue, soit qu'on ait retranché ou non quelque lettre ; 2.° pour distinguer un mot d'avec un autre, semblable, par l'expression, et dont le sens est différent. Hors ces deux cas cet accent paraît inutile, car il est fort peu important d'être averti par un accent qu'il y a une lettre de retranchée dans un mot.

Il ne sera donc vraiment utile que lorsqu'il indiquera une syllabe longue.

*D.* N'y a-t-il point de règles pour les

voyelles longues qui veulent l'accent circonflexe ?

*R.* Il n'est pas possible de donner une
règle sûre, il faut avoir recours à l'usage.

*Voici la liste des principaux mots qui
réclament l'accent circonflexe.*

**A.** *Acre*, *âge*, *âne*, *appât*, *âpre*, *bâtir*,
*bâton*, *blâme*, *châtaigne*, *château*, *châ-*
*tier*, *dégât*, *fâcher*, *gâter*, *hâte*, *hâvre*,
*lâche*, *mâle*, *mât*, *pâle*, *pâte*, *pâtir*,
*relâche*, *tâche*, *tâcher*, *tâter*, etc., et
tous les mots en *âtre*, *pâtre*, *théâtre*,
*verdâtre*, etc. etc. etc. (*quatre* et *battre*
exceptés ).

**E.** Les *ancêtres*, *apprêt*, *arène*, *arête*,
*arrêt*, *baptême*, *bêche*, *bêler*, *bête*, *cham-*
*pêtre*, *chêne*, *conquête*, *crême*, *crêpe*,
*crête*, *dépêche*, *emblème*, *empêcher*,
*être*, *peut-être*, *bien-être*, etc., *évêque*,
*archevêque*, *extrême*, *fenêtre*, *fêler*,
*forêt*, *frêle*, *frêne*, *gêne*, *grêle*, *hêtre*,
*honnête*, *intérêt*, *mêler*, *même*, *pêche*,
*pêcher*, *pêle-mêle*, *prêcher*, *prêt*, *prêter*,
*prêtre*, *problème*, *protêt*, *quête*, *enquête*,
les *rênes*, *revêche*, *rêve*, *salpêtre*, *su-*
*prême*, *système*, *tempête*, *tête*, les
*vêpres*, *vêler* et *vêtir*.

**I.** *Abîme*, *aîné*, *puîné*, *chaîne*, *dîner*,
*épître*, *faîte*, *fraîcheur*, *rafraîchir*,

gaîté, gîte, presqu'île, maître, regître,
surcroît, traîner, traître et vîte ; connaître, croître, naître, paître, paraître,
il plaît, et tous les temps de ces verbes
où l'i est suivi d'un t : il connaît, il
croîtra, ils naîtront, ils paraîtront, etc.

O. Apôtre, aumône, cône, contrôle, clô-
ture, côté, côte, dépôt, dôme, drôle,
entrepôt, hôpital, hôte, hôtel, idiôme,
impôt, matelôte, môte, le nôtre, les
vôtres, ôter, pôle, Rhône, rôder, rôle,
rôt, rôti, Saône, suppôt, tôme, atôme,
fantôme, symptôme, tôt, aussitôt,
bientôt, plutôt, tantôt, trône et zône.

U. Août, affût, brûler, bûche, embûche,
coûte, déjeûner, jeûne ( abstinence ),
flûte ; goût, dégoûter, joûte, mûr, mûre
( fruit ), piqûre, sûr ( certain ) et voûte.

*Nota.* Il ne sera pas inutile de lire d'anciens livres
pour apprendre à connaître les suppressions dans
quantité de mots.

D. Quels sont les autres accents ou
signes orthographiques dont il nous reste
encore à parler ?

R. 1.º L'apostrophe (' ) ; 2.º les *deux
points* ou *tréma* ( ¨ ) ; 3.º la *cédille* ( ¸ ),
4.º le *trait d'union* (-) ; 5.º la *parenthèse* () ;
6.º les *guillemets* (») ; 7.º le *trait de séparation* (—).

D. Où se place l'apostrophe et quel est
son usage ?

*R.* L'apostrophe marque la suppression d'une voyelle et sert de séparation entre deux mots ; elle se place au haut de la lettre qui précède celle qui est supprimée. Ainsi l'on écrit : *l'argent* et non *le argent*, *l'amitié* et non *la amitié*, etc.

*D.* Quels sont les mots qui exigent l'apostrophe ?

*R.* On compte onze petits mots qui exigent l'apostrophe. Les voici : *le*, *la*, *je*, *me*, *te*, *ce*, *se*, *de*, *ne*, *que* et *si* ; ce dernier seulement quand il est suivi de *il*, *ils*.

*D.* Dans quelle occasion doit-on employer l'apostrophe ?

*R.* On doit employer l'apostrophe et supprimer la lettre *e*, *a*, *i*, dans les mots ci-dessus, quand le mot qui les suit commence par une voyelle ou un *h* muet.

*D.* N'y a-t-il que ces mots qui exigent la suppression de l'*e* ?

*R.* On place encore l'apostrophe et on supprime l'*e* des mots *lorsque*, *quoique*, *puisque*, mais seulement lorsqu'ils sont suivis de *il*, *ils*, *elle*, *elles*, *un*, *une* et *on*. Cependant si la construction avec le mot qui suit un de ces trois mots est rare, il vaut mieux ne pas supprimer l'*e*, comme ici : lorsque *Alexandre*, etc.

On écrit *quelqu'un* au singulier, et *quelques-uns* au pluriel.

*Nota.* Si on ôtait l'*e* muet final de tous les mots

qui sont suivis d'une voyelle, bientôt les mots se
trouveraient confondus les uns avec les autres.

*D.* A quoi sert le tréma ?

*R.* Le tréma se place sur les lettres *e*, *i*
et *u* ( et non sur l'*a* et l'*o* ). On l'emploi
pour faire éviter dans la prononciation la
réunion de deux voyelles que l'on doit prononcer séparément. Hors de là il est inutile.

*D.* Faites comprendre, par des exemples,
ce que vous venez d'expliquer.

*R.* Les mots suivants : *naïf*, *Saül*, *ciguë*
se prononcent *na-if*, *Sa-ul*, *ci-gu*, et sans
le tréma on proncerait le 1.er *nef*, le 2.e
*Saul* ( comme *Paul* ), le 3.e *cigue* ( comme
*figue* ), etc.

*D.* Cette règle n'a-t-elle point d'exception ?

*R.* Quand l'une des deux voyelles qui se
suivent peut-être accentuée, au lieu du
tréma on met l'accent : ainsi l'on écrira
*poésie*, *poète*, *réussir*, et non *poësie*, *poëte*,
*réüssir*.

*D.* Qu'est-ce que la cédille ?

*R.* C'est une espèce de petit *c* retourné
qui se place ordinairement sous le *c*. Nous
en avons vu la raison à l'article du *c*, p. 12.

*D.* A quoi sert le trait d'union ?

*R.* Le trait d'union désigne une grande
liaison entre deux mots qu'il faut prononcer comme s'ils n'en formaient qu'un, tels
sont : *chef-d'œuvre*, *vis-à-vis*, *chef-lieu*, etc.

*D.* Faites connaître les circonstances où il faut employer le trait d'union?

*R.* Il se place, 1.º avant et après les mots *ci* et *là* ( quand on ne peut les séparer en parlant) comme dans *celui-ci*, *là-dessus*; 2.º avant le mot *même* quand il est précédé d'un pronom, comme dans *lui-même*; 3.º entre deux nombres qui n'en font qu'un, comme *vingt-deux*, *cent-un*; 4.º après le mot *très*, comme *très-souvent*, etc.

On excepte les adjectifs de comparaison dans lesquels le mot *très* ne prend pas plus l'apostrophe que *bien* et *fort*.

Il ne faut pas confondre ce trait avec celui de séparation qui ne doit s'employer dans le discours que quand c'est un autre qui parle. — Il tient la place de *il répondit*, *il répliqua*.

*D.* Qu'appelle-t-on parenthèse ?

*R.* On appelle ainsi deux crochets opposés entre lesquels on renferme des mots qui interrompent le discours ou qui éclaircissent le sens de la phrase.

*D.* Qu'est-ce que les guillemets?

*R.* On appelle ainsi une double virgule qui se place dans les discours, au commencement de chaque ligne d'une citation. Les guillemets placés au commencement doivent être tournés à droite («), et les suivans et les derniers à gauche (»).

# CHAPITRE II.

## Des Mots en général.

*Nota.* Il sera urgent de lire attentivement et plusieurs fois les observations suivantes avant de passer au détail des différentes espèces de mots qui forment le discours.

Nous parlons pour exprimer nos pensées ; l'objet de nos pensées est, les personnes ou les choses qui ont un corps, une existence, une-substance réelle, et leurs qualités, bonnes ou mauvaises. Les signes dont nous nous servons pour désigner ces personnes, ces choses et ces qualités, sont les *mots*.

Les objets qui frappent nos sens, que nous voyons, que nous touchons, qui ont une véritable substance, comme un *meuble* sur lequel on s'assied, un *bâtiment* dans lequel on habite ; nous les désignons par les mots *chaise*, *maison* ou autres de cette espèce que nous nommons *substantifs* ( en terme de grammaire ) ou, noms *communs*.

— La première destination de ce mot fut d'exprimer les choses qui ont une existence, une substance réelle. Cette destination s'étendit ensuite, à mesure que l'esprit humain devenait capable de plus de combinaison et avait besoin d'un plus grand nombre de mots pour désigner les objets, soit physiques, soit intellectuels.

Ainsi *Dieu*, *ame*, *esprit*, *mémoire*, *bonté*, etc., et tous les autres noms de cette espèce, dont on peut se former une idée, ou qui expriment un objet dont l'esprit s'occupe, sans le secours d'un autre mot, ont été rangés dans la classe des *substantifs*.

— Mais une chaise, par exemple, peut-être *longue*, *large*, *profonde*, ou avoir d'autres qualités relatives à sa forme ou à sa couleur ; une maison peut-être *haute*, *commode*, *belle*. Hé bien ! on a nommé *adjectif*s ces mots qui expriment les qualités des choses ou des personnes.

Ainsi, quand je dis une chaise *longue*, une maison *commode*. *Longue* et *commode* sont ce que nous appellons *adjectifs*.

Ces deux espèces de mots sont des noms ; et nous disons il y a deux espèces de noms, le *substansif* et l'*adjectif*.

Nous n'employons pas seuls les noms, soit *substantifs*, soit *adjectifs*, pour qu'ils fassent un sens, nous les lions ensemble par d'autres mots qui, réunis avec eux, forment des phrases et rendent toutes nos pensées.

Par exemple, nous ne disons pas cheval *beau*, maison *belle*, mais *la* maison est belle, *le* cheval est beau. Hé bien ! ce petit mot *le* ou *la* s'appelle article.

— En se servant toujours des noms pour désigner les choses, on serait obligé à des répétitions désagréables : par exemple, pour indiquer tout ce qui plaît dans une maison, si l'on disait la *maison* me plaît, la *maison* est belle, la *maison* est chère, etc. Cette répétition serait gênante et ennuyeuse ; alors pour éviter cela, on a imaginé des mots pour tenir la place des noms, et on les a appelés *pronoms*. Ainsi je dis la maison me plaît, *elle* est belle, *elle* est chère, ou le cheval est beau, *il* est cher. *Il* et *elle* sont ce que nous appelons *pronoms*.

— Les personnes ou les choses dont on parle, sont dans un état quelconque, agissent par elles-mêmes ou reçoivent une impulsion et un mouvement.

Les mots qu'on emploie pour exprimer cet état, cette action se nomment *verbes*.

Par exemple, si un homme est dans un état de sommeil, pour faire entendre qu'il est dans cet état, je dis *il dort* ; s'il est en action, je dis *il agit* ; si cette action, par exemple, est de donner des coups à une personne ou à une chose, je dis *il bat*. Les mots il *dort*, il *agit*, il *bat*, sont ce que nous appelons *verbe*.

— Mais il ne suffit pas de nommer les choses ou les personnes, ni d'indiquer leur état de repos ou d'action, il faut désigner le rapport qu'elles ont entre elles. Si je parle d'un fait qui s'est passé, ou *avant*, ou *pendant*, ou *après* la guerre, je l'exprime par un de ces trois mots : *avant*, *pendant* ou *après* que je place devant la *guerre*, et je nomme ces mots *prépositions*.

— On dit : avec *sagesse*, avec *promptitude*, avec *ardeur*. On a imaginé de renfermer ces deux mots en un seul, qui pouvait exprimer la même idée. Ainsi on dit *sagement* au lieu de *avec sagesse*; *promptement* au lieu de *avec promptitude*; *ardemment* au lieu de *avec ardeur*. Ces sortes de mots se joignent assez ordinairement aux verbes, on dira *agir sagement* ou *promptement*, *travailler ardemment*; et cette adjonction de ces sortes de mots aux verbes leur a fait donner le nom d'*adverbes*.

— Pour réunir les différentes parties du discours et les joindre ensemble. Il a fallu d'autres petits mots, tels que *et*, *ou*, *si*, *car*, etc., on les nomme *conjonctions*.

— Enfin, quelquefois on s'interrompt, pour ainsi dire, soi-même par des expressions ou exclamations de plaisir, de douleur ou de surprise, comme *ah ! hélas ! hé !* Ces mots qui sont jetés entre les parties du discours, sont ce qu'on appelle *interjections*.

Il

Il suit de là que nous avons dix espèces de mots qui composent le discours.

*D.* Qu'entendez-vous par discours ?

*R.* Le discours est l'assemblage des mots qui expriment nos pensées ?

*D.* Comment désigne-t-on ordinairement ces mots ?

*R.* On les nomme *parties du discours.*

*D.* Combien distingue-t-on de parties du discours ?

*R.* On compte dix parties du discours.

### Savoir :

Le *nom*, l'*article*, l'*adjectif*, le *pronom*, le *verbe*, le *participe*, l'*adverbe*, la *préposition*, la *conjonction* et l'*interjection.*

Les six premiers sont seuls sujets à inflexions, les quatre derniers n'en admettant aucune, nous les désignerons sous le nom d'*invariables.*

# CHAPITRE III.

## TITRE 1.<sup>er</sup>

## *Du Nom.*

*D.* Qu'est-ce que le nom ?

*R.* Le nom est un mot qui sert à nommer une personne ou une chose, comme *Alexandre*, *ville*, *amitié*, etc.

5

*D.* N'appelle-t-on pas autrement le nom ?

*R.* On l'appelle aussi substantif, parce qu'il désigne une chose qui existe ( ou subsiste ) dans la nature, comme *homme, arbre, table*, ou dans notre imagination, comme *amitié, espoir, sensibilité*.

*D.* Y a-t-il plusieurs sortes de noms ?

*R.* Oui, il y a deux sortes de noms, savoir : le *nom commun* et le *nom propre*.

*D.* Qu'est-ce que le nom commun ?

*R.* Le nom commun est celui qui convient à plusieurs personnes et à plusieurs choses semblables ou de même espèce. En effet, le nom homme se donne à *Pierre* comme à *Paul* ou à tout autre. On nomme également ville, *Paris, Rome*, etc. On appelle *table* tout ce qui en a la forme, etc.

Enfin, on appelle *noms communs* ( ou *substantifs* ), tous les noms dont on peut se former une idée sans le secours d'un autre mot.

*D.* Qu'est-ce que le nom propre ?

*R.* Le nom propre est celui qui ne nous représente qu'une chose unique, et qui ne convient qu'à une seule personne ou à une seule chose. ( Les noms propres ne prennent pas de pluriel. )

## TITRE 2.

### Du Genre et du Nombre.

*D.* Qu'y a-t-il à observer pour bien écrire un nom ?

*R.* Deux choses, le *genre* et le *nombre.*

*D.* Qu'entendez-vous par le genre ?

*R.* J'entends la manière de désigner les sexes.

*D.* Combien y a-t-il de genres?

*R.* Il a deux genres, le *masculin* et le *féminin.*

Le *masculin* s'entend de tout ce qui est *mâle* ou *homme.*

Le *féminin*, de tout ce qui est *femme* ou *femelle.*

*D.* N'y a-t-il que ce qui est mâle ou femelle qui prenne le genre masculin et le genre féminin ?

*R.* On a aussi donné le genre masculin et le genre féminin aux autres noms quoiqu'ils n'eussent aucun rapport aux sexes : on en fait la différence par l'usage. Cette différence était particulièrement nécessaire à l'adjectif qui varie, suivant à quel nom il est joint.

*Nota.* Il y a des noms qui ont deux genres, voyez la page 125.

*D.* Comment connaît-on le genre du nom?

*R.* Par l'article. ( Voyez page 39. )

*D.* Qu'entendez-vous par le *nombre ?*

*R.* J'entends la manière de désigner l'unité ou la pluralité des choses ou des personnes.

*D.* Combien y a-t-il de nombre?

*R.* Il y a deux nombres , le *singulier* et le *pluriel ;* le *singulier* , se dit et s'entend d'une seule personne ou d'une seule chose ; le *pluriel* , se dit et s'entend de plusieurs personnes ou de plusieurs choses.

*Nota.* Rappellez-vous que quand nous parlons du genre , nous entendons le *masculin* et le *féminin* , et quand nous parlons du nombre , nous entendons le *singulier* et le *pluriel.*

*D.* Quelle différence faites-vous , pour l'écriture , d'un nom singulier avec un nom pluriel ?

*R.* D'abord on en peut très-bien faire la différence, car le *singulier* ne s'entend que d'une seule chose , et le *pluriel* de plusieurs quoiqu'il ne soit pas précédé du mot *les :* ensuite les noms au singulier n'ont pas d'*s* , et ceux au pluriel doivent en avoir un.

*D.* Cette règle est-elle générale?

*R.* Non , elle a plusieurs exceptions.

1.<sup>re</sup> *Exception.* Nous avons des noms qui se terminent au singulier par *s* , *x* ou *z* , et qui restent tels au pluriel , tels sont : le *temps* , le *fils* , le *nez* , la *voix* , etc. Voyez la page 127.

2. *Exception.* Les noms terminés au singulier par *au*, *eu*, *ou*, font leur pluriel en ajoutant un *x* au lieu d'un *s* ; par exemple : le *bateau* s'écrira au pluriel les *bateaux* ; le *caillou*, les *cailloux*, etc.

Cependant quelques mots terminés par *ou*, conservent l's, tels sont les *trous*, les *sous*, les *fous*, les *filous*, etc.

3.ᵉ *Exception.* La plupart des noms terminés, au singulier, par *al* et *ail*, font leur pluriel par *aux* : ainsi le *mal* fait les *maux* ; le *travail*, les *travaux*, etc.

Il peut y avoir d'autres exceptions que l'usage apprendra.

Il y a des noms qui n'ont pas de pluriels, tels sont : *or*, *argent*, *foi*, *pudeur*, *bonheur*, *hardiesse*, *faim*, *gloire*, etc.

D'autres n'ont pas de singulier, tels que *pleurs*, *gens*, *vêpres*, *ancêtres*, etc.

Nous avons encore d'autres noms appelés *noms partitifs.* Voyez à la fin du livre.

---

## TITRE 3.

### Des Noms de nombres.

*D.* N'y a-t-il point de mots pour exprimer les nombres ?

*R.* Oui, on appelle *noms de nombre* les mots dont on se sert pour compter.

*D.* Comment distingue-t-on les nombres ?

*R.* Il y a deux sortes de nombres, les nombres *cardinaux* et les nombres *ordinaux.*

*D.* Qu'est-ce que les noms de nombres cardinaux ?

*R.* Ce sont ceux qui marquent la quantité des choses dont on parle, comme *un, deux, trois, cent, deux cents, mille, million,* etc.

*D.* Qu'est-ce que les nombres ordinaux ?

*R.* Ce sont ceux qui marquent l'ordre ou le rang des choses dont on parle, comme *premier, second, dixième, centième,* etc.

*D.* Les noms de nombres prennent-ils la marque d'un pluriel ?

*R.* Les noms de nombres étant pluriels par eux-mêmes, n'ont pas besoin d's, cependant *trois* prend une *s, deux, six* et *dix* prennent une *x.*

*Vingt, cent* et *million* prennent une *s* lorsqu'il y a plus d'une *vingtaine,* plus d'une *centaine,* plus d'un *million,* mais seulement lorsqu'ils sont suivis d'un nom substantif. Exemples : *deux cents hommes,* s'ils sont suivis d'un autre nombre ils ne prennent point d's. Exemple : *trois cent dix hommes.*

*Remarque.* Les mots *un* et *une* sont quelquefois *noms communs,* d'autres fois *articles ;* c'est qu'alors ils ne signifient pas un nombre, et qu'ils ne répondent pas à la question, *combien y en a-t-il ?* Enfin, *adjectifs,* quand ils signifient *seul, unique.*

# CHAPITRE IV.

## De l'Article.

*D.* De quoi se sert-on pour distinguer, dans le genre, le *masculin* et le *féminin*, et dans le nombre, le *singulier* et le *pluriel* ?

*R.* On se sert de petits mots qui, par eux-mêmes, n'ont point de signification.

*D.* Comment appelle-t-on ces mots ?

*R.* On les appelle *articles*. Ainsi je dis que l'article est un petit mot qui se met ordinairement devant les noms communs, et qui sert à en faire connaître le genre et le nombre.

*D.* Y a-t-il plusieurs sortes d'articles ?

*R.* On peut distinguer deux sortes d'articles, l'article *simple* et l'article *composé*.

*Nota.* Comme les noms français ne changent pas de terminaisons, il n'y a pas de cas dans notre langue.

*D.* Quels sont les articles simples ?

*R.* Ce sont *le*, *la*, *les*.

*D.* Comment l'article fait-il connaître le genre des noms ?

*R.* Les noms devant lesquels on peut mettre *le*, sont masculin ; ceux devant lesquels on peut mettre *la*, sont féminin.

*Nota.* Nous avons vu, page 20, à l'article de

l'apostrophe, que *le* et *la* faisaient partie des onze petits mots qui exigent l'apostrophe.

*D*. Comment l'article fait-il connaître le nombre des noms?

*R*. *Le* et *la* marquent le singulier, et *les* marque le pluriel pour les deux genres.

*D*. Si l'article *les* sert à marquer le pluriel des deux genres, comment connaîtra-t-on le genre d'un nom pluriel?

*R*. Pour connaître le genre d'un nom pluriel, il faut le remettre au singulier. Ainsi, par exemple, je saurai que *les livres* est du masculin, parce qu'au singulier on dit *le livre*. *Les maisons* est du féminin, parce qu'au singulier ou dit *la maison*.

*D*. Comment peut-on connaître le genre d'un nom qui a devant lui une apostrophe?

*R*. Si l'on doute du genre d'un nom qui a devant lui l'apostrophe, on peut mettre devant un adjectif. Par exemple, si je doute de quel genre est l'*étude*, j'y ajouterai le mot *bon* et je dirai la *bonne étude*, par où je vois que l'*étude* est féminin. Prenons pour deuxième exemple ce mot, l'*abrégé*, je pourrai dire un *petit* abrégé, par où je vois que l'*abrégé* est du masculin, ainsi de tous les autres mots.

*D*. Quels sont les articles composés?

*R*. Ce sont *au*, *aux*; *du*, *des*.

*D*. Pourquoi les appelle-t-on articles composés?

*R.* Parce qu'ils sont formés d'un des articles *le* , *la* , *les* et d'un des mots *a* et *de* que l'on nomme prépositions.

*D.* Faites-moi comprendre cela par des exemples ?

*R. Au* a remplacé *à le* , ainsi on dit *au jour* , au lieu de *à le jour* qui se disait autrefois. *Aux* a remplacé *à les* , on dit *aux fenêtres* pour *à les fenêtres.*

*Du* a remplacé *de le* , on dit *du bien* pour *de le bien* ; *des* a remplacé *de les* , on dit *des hommes* pour *de les hommes.*

Par où l'on voit que :

*Au* est composé de la préposition *à* et de l'article *le.*

*Aux* est composé de la préposition *à* et de l'article *les.*

*Du* est composé de la préposition *de* et de l'article *le.*

*Des* est composé de la préposition *de* et de l'article *les.*

*D.* Ces articles composés servent-ils comme les autres à marquer le genre et le nombre ?

*R. Au* marque le masculin et le singulier, au féminin on dit *à la.*

*Aux* sert pour le pluriel des deux genres.

*Du* marque le masculin et le singulier, et ne s'emploie que devant les noms qui commencent par une consonne. Au féminin on dit *de la.*

*Des* sert pour le pluriel des deux genres.

*Remarque. Le*, *la*, *les* ne sont pas toujours articles, ils deviennent quelquefois pronoms. ( Voyez l'article des pronoms, page 55. ) Quand ils sont articles ils sont toujours suivis d'un nom.

*Là* marqué d'un accent grave devient *adverbe de lieu* ( ou invariable. )

## CHAPITRE V.

### De l'Adjectif.

*D.* Qu'est-ce que l'adjectif?

*R.* L'adjectif est un mot que l'on ajoute au nom pour en désigner la qualité ou la manière d'être.

*D.* Que signifie le mot adjectif?

*R.* Le mot adjectif vient du mot latin *adjectus*, qui signifie *joint* ou *ajouté à*.

*D.* Comment connaît-on qu'un mot est adjectif?

*R.* Le mot devant lequel on peut mettre *personne* ou *chose* est un adjectif. Ainsi, je connais que les mots *habile*, *agréable* sont des adjectifs, parce que je puis dire *personne habile*, *chose agréable*, ainsi des autres.

*D.* Quelle différence y a-t-il entre le *substantif* et l'*adjectif?*

*R.* La différence est que le substantif peut être entendu seul, et l'adjectif, au contraire, a besoin d'être joint à un autre nom pour être entendu.

*D.* Faites-moi comprendre cela par un exemple ?

*R.* Quand je prononce le mot *grand* ou *beau*, ou tout autre, je n'exprime *rien*; on ne sait pas ce qui est *grand* ou *beau*, mais si je joins à ces mots un substantif, et que je dise un *grand* jardin, un *beau* livre, alors ils ont une signification et servent à exprimer les qualités des noms auxquels ils sont joints; au contraire, si je prononce *jardin* et *livre*, je fais connaître des objets que nous voyons, dont nous nous servons, etc. C'est là une différence sensible du *substantif* et de l'*adjectif*.

*D.* Qu'y a-t-il à observer pour l'orthographe de l'adjectif!

*R.* Tout adjectif doit être du même genre et du même nombre que le substantif ou le nom auquel il se rapporte. Cette règle ne doit jamais se perdre de vue.

*D.* Les adjectifs ont donc aussi le genre et le nombre ?

*R.* Oui, le substantif ne peut avoir qu'un genre, le *masculin* ou le *féminin*; l'adjectif, au contraire, prend l'un ou l'autre, suivant le nom auquel il se rapporte, et il suit aussi le nombre de ce nom.

*D.* Qu'entendez-vous quand vous dites que l'adjectif doit-être du même genre et du même nombre que le nom auquel il se rapporte ?

*R.* C'est-à-dire que si l'adjectif se rapporte à un substantif masculin, l'adjectif devra être au masculin ; si l'adjectif se rapporte à un nom féminin, il devra être aussi au féminin, et de même pour le singulier et le pluriel.

*D.* Faites-moi mieux entendre cela par des exemples !

*R.* Si je dis le *père bon*, *bon* qui est adjectif est au masculin et au singulier, car *père* est du masculin et du singulier. La *belle poire*, *belle* qui est adjectif est au féminin et au singulier, car *poire* est du féminin et du singulier. Les *grands jardins*, *grands* est au masculin et au pluriel, car *jardins* est au masculin et au pluriel, et ainsi des autres.

*Remarque.* Si un adjectif se rapporte à deux noms singulier, on met l'adjectif au pluriel, car deux singuliers valent un pluriel, et si les deux noms étaient de différents genres, l'adjectif se mettrait au masculin.

*D.* Le genre et le nombre des adjectifs se font-ils connaître par l'article comme celui des noms ?

*R.* Non, puisque je viens de dire que

l'adjectif prend le genre et le nombre du nom auquel il se rapporte. Cependant il arrive quelquefois que l'adjectif prend devant lui l'article, mais c'est qu'alors il devient substantif.

*D.* Comment les adjectifs peuvent-ils devenir substantifs?

*R.* C'est quand ils cessent d'exprimer une qualité, et qu'ils deviennent les objets directs de nos pensées ; ce que nous voyons dans les vers suivans :

Rien n'est beau que le *vrai*, le *vrai* seul est aimable
Nous devons préférer l'*utile* à l'*agréable*.

Ici le *vrai* est mis pour la vérité, l'*utile* et l'*agréable* pour la chose utile à la chose agréable.

*D.* N'y a-t-il donc point de différence pour le genre et le nombre des adjectifs?

*R.* Si, et cette différence se marque ordinairement par la dernière lettre.

*D.* Comment fait-on pour mettre un adjectif au féminin ?

*R.* Voilà la règle la plus générale, tous les adjectifs terminés au masculin par un *e* muet, ne changent pas quand ils se rapportent à un nom féminin, et si les adjectifs se terminent ou finissent par une autre lettre, on y ajoute un *e* pour les rendre féminin. — Ainsi, *habile*, *agréable*, et autres semblables, s'écrivent au féminin comme

au masculin , parce qu'ils finissent par *e*
muet ; mais *grand, poli, vrai, aimé,* etc.,
font au féminin *grande, polie, vraie, aimée,*
car ils ne finissent pas au masculin par un
*e* muet.

*D.* Comment se forme le pluriel des adjectifs ?

*R.* Le pluriel des adjectifs se forme
comme celui des noms en ajoutant *s* à la
fin du singulier ?

*D.* Le féminin des adjectifs se forme-t-il
toujours en ajoutant un *e* au masculin ?

*R.* Cette règle a quelques exceptions.

1.<sup>re</sup> *Exception.* Plusieurs adjectifs terminés au masculin par *el, eil, et, ot, en,
as, os* et *on,* demandent que l'on double
la consonne, pour former le féminin, avant
d'ajouter un *e* muet.

*Exemples :*

Masculin. — *Cruel, pareil, sujet, sot,
ancien, gros, gras, bon, épais.*

Féminin. — *Cruelle, pareille, sujette,
sotte, ancienne, grosse, grasse, bonne,
épaisse,* etc., ainsi des autres.

2.<sup>e</sup> *Exception. Beau, nouveau* et *fou,*
font au masculin *bel, nouvel, fol,* devant
une voyelle ou une *h* muette. Ainsi on dit :
*bel* habit, *bel* oiseau, *nouvel* ami, *viel*
homme, *fol* entêtement. Alors le féminin

se forme, comme ceux ci-dessus, en doublant la consonne avec l'*e* muet : *belle*, *nouvelle*, *folle*, *vieille*.

3.ᵉ *Exception*. Les adjectifs qui finissent en *eur* font le féminin en *euse* : *trompeur*, *trompeuse* ; — *parleur*, *parleuse* ; — *chanteur*, *chanteuse*, etc. Cependant *pécheur* fait *pécheresse* ; — *acteur*, *actrice* ; — *protecteur*, *protectrice* ; — *directeur*, *directrice* ; — *amateur*, *amatrice* ; — *ambassadeur*, *ambassadrice* ; — *bienfaiteur*, *bienfaitrice* ; — *fauteur*, *fautrice* ; — *fondateur*, *fondatrice* ; — *instituteur*, *institutrice* ; — *producteur*, *productrice* ; — *spectateur*, *spectatrice* ; — *tuteur*, *tutrice*, etc. etc.

4.ᵉ *Exception*. Les adjectifs dont le masculin singulier se termine en *x*, font le féminin en ôtant l'*x* et ajoutant *se* : *honteux* fait *honteuse* ; — *jaloux* fait *jalouse*, etc. Cependant *doux* fait *douce* ; — *roux*, *rousse*.

5.ᵉ *Exception*. L'adjectif *grand*, quand il ne signifie pas la *grandeur*, garde le masculin devant les noms féminins. Ainsi on doit écrire et dire *grand-mère*, *grand-messe*, *grand-chère* ; car on ne veut pas dire que ces objets soient bien grands.

Les terminaisons des adjectifs sont très-variées et ne peuvent s'apprendre que par l'usage.

*Nota.* A l'aide du féminin des adjectifs on apprend comment il faut écrire le masculin. Par exemple, je sais que le mot *lent* s'écrit par un *t* à la fin, puisque le féminin fait *lente*, etc.

*D.* Le pluriel des adjectifs se forme-t-il toujours comme celui des noms ?

*R.* Oui, et la même exception a lieu pour les adjectifs terminés par *x*, comme pour les noms. ( Voy. pag. 36 et 37. )

Les adjectifs en *al* font aussi le pluriel en *aux*, mais quelques-uns n'ont pas de pluriel.

*D.* N'y a-t-il pas de circonstances où l'adjectif ne se rapporte à aucun nom ?

*R.* Il y a des circonstances où l'adjectif n'a pas de substantif auquel il puisse se rapporter, alors on le met toujours au masculin et au singulier.

### Exemples :

Il est *difficile* de fuir le vice.

Il est *bon* de faire le bien.

Ce qui est *amer* à la bouche est *bon* au corps.

*D.* Si l'adjectif est placé avant le substantif, doit-il s'accorder en genre et en nombre ?

*R.* Oui, l'adjectif, quelle que soit sa place, doit toujours prendre le genre et le nombre du nom auquel il se rapporte. Quelquefois le nom n'est pas exprimé, mais il est remplacé

placé par un pronom; alors l'adjectif doit aussi prendre le genre et le nombre du pronom.

### Remarque essentielle.

Nous pouvons remarquer en passant qu'il n'est pas égal de placer le *substantif* avant *l'adjectif*, ou *l'adjectif* avant le *substantif*. Cette position est si peu indifférente qu'elle peut changer entièrement la valeur du substantif ; en voici des exemples :

*Un homme grand*,

Est un homme d'une grande taille.

*Un grand homme*,

Est un homme d'un grand mérite.

*L'air mauvais*,

Est un extérieur menaçant, une figure que l'on craint.

*Le mauvais air*,

Est un maintien déplacé ou un air malsain, etc.

Ainsi des autres cas.

Nous n'avons sur cet article d'autre règle que l'usage et l'oreille accoutumée au commerce des personnes qui parlent correctement.

*D.* Les adjectifs ne servent-ils qu'à exprimer la qualité ou la manière d'être?

*R.* Les adjectifs, outre la qualité qu'ils ajoutent au nom, servent aussi à comparer deux personnes ou deux choses.

4

*D.* Combien y a-t-il de degrés de comparaison?

*R.* On distingue dans les adjectifs trois
degrés de comparaison : le *positif*, le *comparatif* et le *superlatif.*

· Le *positif* ( ou premier degré) n'est autre chose que l'adjectif même, comme *beau*,
*belle*, *agréable.*

Le *comparatif* ( ou deuxième degré).
L'adjectif prend ce nom quand il établit une
comparaison, comme quand je dis : mon
livre est *plus beau* que le vôtre. L'adjectif
est au *comparatif* quand il est précédé d'un
de ces mots : *plus, moins, aussi.*

Il y a des comparatifs qui s'expriment en
un seul mot.

· *Meilleur*, au lieu de *plus bon*, qui ne
se dit pas, c'est le comparatif de *bon.*

*Moindre*, au lieu de *plus petit*, comparatif de *petit.*

*Pire*, au lieu de *plus mauvais*, comparatif de *mauvais.*

Le *superlatif* ( ou troisième degré).
Quand l'adjectif marque une qualité au su-
prême degré, comme quand je dis : votre
habit est *très-beau.* L'adjectif est au *superlatif* quand il est précédé d'un de ces mots:
*bien, fort, très, le plus, la plus, les plus.*

# CHAPITRE VI,

## Des Pronoms.

*D.* Qu'est-ce que le pronom ?

*R.* Le pronom est un mot composé du mot latin *pro*, qui signifie *pour*, et de *nom* ; ces deux mots joints ensemble font *pronom*. Ainsi le *pronom* est un mot mis à la place du nom pour le remplacer et en éviter la répétition.

*D.* Faites-moi comprendre cela par un exemple !

*R.* Au lieu de dire *ma personne adore Dieu*, *parce que Dieu est bon*, je dis *j'adore Dieu parce qu'il est bon ;* donc *je* et *il* sont des pronoms, car ils tiennent la place de *ma personne* et de *Dieu*.

*D.* Y a-t-il plusieurs sortes de pronoms ?

*R.* Il y a six sortes de pronoms, savoir :

Les pronoms
- *personnels.*
- *possessifs.*
- *démonstratifs.*
- *relatifs.*
- *absolus.*
- *indéfinis.*

*D.* Qu'est-ce que les pronoms *personnels ?*

*R.* Les pronoms *personnels* sont des

petits mots ainsi appelés, parce qu'ils désignent directement les personnes et qu'ils
tiennent la place de leur nom.

*D.* Comment distingue-t-on les pronoms
*personnels ?*

*R.* Ils sont classés en trois ordres, savoir:

Ceux qui marquent la *première personne*
ou celle qui parle ;

Ceux qui marquent la *deuxième personne*
ou celle à qui l'on l'on parle ;

Ceux qui marquent la *troisième personne*
ou celle de qui l'on parle.

*D.* Que désignent ces trois personnes ?

*R.* Les première et deuxième personnes
désignent toujours des *hommes* ou des
*femmes*, mais par la troisième on entend
tout ce dont on parle, soit homme ou
femme, ou tout autre chose.

*D.* Les pronoms, faisant l'office du nom,
en ont-ils aussi les propriétés ?

*R.* Les pronoms, tenant la place des
noms, en prennent le genre et le nombre
comme l'adjectif, c'est pour cela que nous
avons des pronoms pour exprimer le masculin et d'autres pour exprimer le féminin.

*D.* Quels sont les pronoms qui désignent
la première personne ?

*R.* Les pronoms qui désignent la première personne, sont au singulier *je* ou
*moi*, au pluriel *nous*. Ils sont des deux
genres, c'est-à-dire *masculin* si c'est un

homme qui parle, et *féminin* si c'est une femme.

*Nota.* On ne doit pas perdre de vue que les pronoms *personnels* sont employés au pluriel,

1.º Quand ce sont plusieurs personnes qui parlent ;

2.º Quand on parle à plusieurs personnes ;

3.º Quand on parle de plusieurs personnes.

*Remarque.* On dit *me* pour moi et pour *à moi*. Par exemple : le maître *me* regarde, c'est-à-dire regarde moi. Le maître *me* donnera un livre, c'est-à-dire donnera *à moi*. Ainsi, *me* est aussi pronom *personnel* de la première personne.

On dit aussi *nous* pour *à nous*. Par exemple : il *nous* parle, c'est-à-dire il parle *à nous*.

*D.* Quels sont les pronoms qui désignent la deuxième personne ?

*R.* Les pronoms qui désignent la deuxième personne, sont au singulier *tu* ou *toi*, au pluriel *vous*. Ils sont des deux genres, c'est-à-dire *masculin* si c'est à un homme à qui l'on parle, *féminin* si c'est à une femme.

*Remarque.* On dit *te* pour *toi* et pour *à toi*. Par exemple : je *te* regarde veut dire je regarde *toi*, je *te* donnerai veut dire je donnerai *à toi*. Ainsi, *te* est aussi un pronom *personnel* de la deuxième personne.

On dit *vous* pour *à vous*. Par exemple : je *vous* parle veut dire je parle *à vous*.

*Deuxième remarque.* On se sert ordinairement en français de *vous* au lieu de *tu* ou *toi*, lors même que l'on parle à une seule personne ; dans ce cas, l'adjectif, qui se rapporterait à *vous*, serait mis au singulier.

*D.* Quels sont les pronoms qui désignent la troisième personne ?

*R.* Les pronoms qui désignent la troisième personne sont : *il* ou *lui* pour le masculin singulier, *elle* pour le féminin, *ils* ou *eux* pour le masculin pluriel, *elles* pour le féminin pluriel.

*Remarque.* On dit *lui* pour *à lui* et pour *à elle.* Par exemple : je *lui* parle veut dire je parle *à lui* ou *à elle.*

On dit *le* au lieu de *lui* et *la* au lieu d'*elle* au singulier. Par exemple : je *le* connais veut dire je connais *lui*, je *la* connais veut dire je connais *elle*, et au pluriel on dit *les* au lieu de *eux* ou *elles.* Par exemple : je *les* connais veut dire je connais *eux* ou *elles.*

On dit aussi *leur* pour *à eux*, *à elles.* Par exemple, je *leur* dois, veut dire je dois *à eux, à elles.*

Ainsi, *le*, *la*, *les* et *leur* sont aussi pronoms de la troisième personne.

*D.* Sont-ce là tous les pronoms personnels ?

*R. Soi* et *se* sont aussi appelés pronoms, ils sont de la troisième personne et des deux genres,

On les nomme *pronoms réfléchis*, parce qu'ils marquent le rapport d'une chose ou d'une personne à elle-même.

Les pronoms étant de petits mots qui remplacent les noms ou les choses dont on a parlé, il est juste de mettre de ce nombre les mots qui font la même fonction. Ainsi, les mots *en* et *y* sont aussi pronoms et sont de la troisième personne. Par exemple : quand on dit j'*en* parle, on peut entendre je parle de *lui*, d'*elle*, d'*eux*, *etc.*; je m'*y* applique, c'est-à-dire je m'applique *à cette chose*, *etc.*

Le petit mot *on* peut encore être mis au nombre des pronoms, car il représente toujours des personnes ; ainsi, quand je dis *on* étudie, je fais entendre que *des enfans étudient*. Ce pronom marque toujours la troisième personne.

*D.* N'avez-vous pas dit que *le*, *la*, *les* étaient des articles?

*R.* Oui, *le*, *la*, *les* sont *articles*, quand ils sont devant un nom, et ils sont *pronoms* quand ils sont avant ou après un *verbe*.

*D.* Combien y a-t-il de pronoms personnels?

*R.* Il y en a vingt; savoir :

Singulier.　　　　Pluriel.

*Je*, *me*, *moi*, — *nous*, pour désigner la première personne.

*Tu*, *te*, *toi*, — *vous*, pour désigner la deuxième.

*Il*, *elle*, — *ils*, *elles*, pour désigner la troisième.

Les autres sont : *se*, *soi*, *lui*, *eux*, *leur*, *le*, *la*, *les*. Ces derniers se mettent souvent à la place des premiers.

---

# CHAPITRE VII.

## *Des Pronoms possessifs.*

*D.* Qu'est-ce que les pronoms *possessifs* ?

*R.* Les pronoms *possessifs* sont de petits mots qui désignent la personne qui possède la chose dont on parle.

*D.* Pourquoi ces mots sont-ils mis aussi à la place des noms ?

*R.* Parce qu'ils tiennent la place des noms, et plus souvent des pronoms personnels.

*D.* Faites-moi comprendre cela par un exemple ?

*R.* Quand je dis :

*Mon* habit, c'est comme si je disais l'habit de *moi*.

*Votre* montre, la montre de *vous*.

*Notre* devoir, le devoir de *nous*.

*Ton* livre, le livre de *toi*.

Et ainsi des autres semblables.

On voit que les pronoms *mon*, *votre*, *notre* et *ton* désignent les personnes *moi*, *vous*, *nous*, *toi*.

*D.* Y a-t-il plusieurs sortes de pronoms *possessifs ?*

*R.* Oui, on distingue deux sortes de pronoms *possessifs ;* savoir : les pronoms *possessifs absolus* et les pronoms *possessifs relatifs.*

*D.* Qu'est-ce que les pronoms *possessifs absolus ?*

*R.* On les appelle ainsi, parce qu'ils sont toujours joints à un nom substantif.

Par exemple : *mon* habit, *ton* livre, *vos* papiers.

*D.* Ces pronoms prennent ils aussi le genre et le nombre ?

*R.* Oui, les voici par ordre :

| *Au singulier.* | | *Au pluriel.* |
| --- | --- | --- |
| Masculin. | Féminin. | Un seul pour les deux genres. |
| Mon, | ma. | Mes. |
| Ton, | ta. | Tes. |
| Son (*), | sa. | Ses. |
| Notre, | notre. | Nos. |
| Votre, | votre. | Vos. |
| Leur, | leur. | Leurs. |

(*) Ne confondez pas ce mot avec ils *sont* du verbe être.

*D.* N'y a-t-il pas quelque différence dans l'emploi de ces pronoms.

*R.* Une seule : *mon*, *ton*, *son*, que nous avons dit être du masculin , s'emploient aussi devant les noms féminins qui commencent par une voyelle ou un *h* muet. Ainsi on dit *mon* ame et non *ma* ame, *ton* humeur et non *ta* humeur.

*Remarque.* Observez que le mot *leur*, quoique ayant rapport à un nom pluriel, ne prend jamais d'*s* lorsqu'il est devant un verbe ( ou construit avec un verbe ); il ne prend l'*s* que quand il est devant un nom pluriel ou qu'il a devant lui l'article *les*.

*D.* Qu'est-ce que les pronoms *possessifs relatifs ?*

*R.* On les appelle ainsi , parce qu'ils se rapportent à un nom substantif déjà exprimé, et auquel ils ne sont pas joints. Par exemple : si vous me dites j'*ai fait mon devoir*, et que je réponde *je n'ai pas fait le mien*, le mot *mien* se rapporte à devoir, c'est un pronom *relatif.*

*D.* Nommez les pronoms *possessifs relatifs ?*

*R.* Les voilà :

| *Au singulier.* | | *Au pluriel.* | |
|---|---|---|---|
| Masculin. | Féminin. | Masculin. | Féminin. |
| Le *mien*, | la *mienne*. | Les *miens*, | les *miennes*. |
| Le *tien*, | la *tienne*. | Les *tiens*, | les *tiennes*. |
| Le *sien*, | la *sienne*. | Les *siens*, | les *siennes*, |
| Le *nôtre*, | la *nôtre*. | Les *nôtres*, | les *nôtres*. |
| Le *vôtre*, | la *vôtre*. | Les *vôtres*, | les *vôtres*. |
| Le *leur*, | la *leur*. | Les *leurs*, | les *leurs*, |

Tous les pronoms *possessifs* prennent le genre et le nombre du nom auquel ils se rapportent.

*D.* N'y a-t-il pas de différence dans l'emploi des *relatifs ?*

*R.* Non, observez seulement que *nôtre* et *vôtre* doivent avoir un accent circonflexe lorsqu'ils n'ont pas un nom après eux et qu'ils ont un article devant, car alors la voyelle devient longue.

---

# CHAPITRE VIII.

### Des Pronoms démonstratifs.

*D.* Qu'est-ce que les pronoms *démonstratifs ?*

*R.* Les pronoms *démonstratifs* sont de petits mots qui servent à indiquer la chose dont on parle ; ils ne remplacent pas, comme les autres pronoms, l'objet dont on parle, mais ils le montrent. Par exemple : quand je dis *ce* livre , *cette* table , je montre un livre, une table.

*D.* Nommez les pronoms *démonstratifs ?*

*R.* Les voilà :

| Singulier. | | Pluriel. | |
|---|---|---|---|
| Masculin. | Féminin. | Masculin. | Féminin. |
| Ce et cet, | cette. | Ces, | ces. |
| Celui, | celle. | Ceux, | celles. |

| | | | |
|---|---|---|---|
| *Célui-ci*, | *celle-ci.* | *Ceux-ci*, | *celles-ci.* |
| *Celui-là*, | *celle-là.* | *Ceux-là*, | *celles-là.* |
| *Ceci.* | | | |
| *Cela.* | | | |

Ces pronoms prennent le genre et le nombre du nom auquel ils se rapportent.

*D.* Pourquoi écrit-on *ce* tantôt par un *t* et tantôt sans *t ?*

*R.* On se sert de *ce* sans *t* quand le mot qui le suit commence par une *consonne* ou un *h* aspiré. Exemple : *ce* château , *ce* héros.

On se sert de *cet* avec un *t* quand le mot qui suit commence par une *voyelle* ou un *h* muet. Exemple : *cet* oiseau, *cet* habit.

*D.* Comment distinguer s'il faut écrire ce par un *c* (*ce*) ou par une *s* (*se*) ?

*R.* La différence en est facile. Nous avons dit ( pag. 54 et 56 ) aux pronoms *personnels*, que *se*, écrit par *s*, est un pronom *personnel* qui signifie *soi ;* or, toutes les fois que *se* voudra dire *soi*, et qu'il sera devant un verbe, je l'écrirai par *s*. Au contraire, j'écrirai *ce* par *c* quand il montrera une personne ou une chose, et qu'il sera placé devant un nom commun ou le verbe *être* ( s'il n'aide pas à un autre ), d'ailleurs je saurai bien distinguer un pronom *personnel* d'un pronom *démonstratif*.

*D.* Oui, mais la même difficulté se présente à l'égard du mot *ces.* Quand faut-il écrire ce mot par *c* ou par *s* ?

*R.* Je ne serai pas plus embarrassé pour celui-là ; car *ses*, écrit par *s*, est un pronom *possessif ;* et quand il est écrit par *c*, c'est un pronom *démonstratif.* Je puis encore me servir de ce moyen simple. Si dans la phrase le mot *ces* amène au singulier *ce*, *cet* ou *cette*, je l'écrirai par *c* ; au contraire, si au singulier je dois dire *son* ou *sa*, ou bien de *lui*, d'*elle* ou de *soi*, alors j'écrirai *ses* par *s*.

### *Par exemple :*

Donne-moi *ces* livres, au singulier je dirais *ce* livre, donc j'écris par *c*. Il a perdu *ses* livres, au singulier je dirais *son* livre, ou le livre de *lui*, donc j'écris par *s*.

# CHAPITRE IX.

## *Des Pronoms relatifs.*

*D.* Qu'est-ce que les pronoms *relatifs* ?

*R.* Les pronoms *relatifs* sont de petits mots qui ont une relation ou un rapport avec un nom substantif ou un pronom qui les précède.

*D.* Quels sont ces pronoms !

*R.* Ce sont *qui*, *que*, *quoi* et *dont*. Ces

pronoms sont des deux genres et des deux nombres.

*Lequel* pour le masculin singulier, *lesquels* pour le pluriel, *laquelle* pour le féminin singulier, *lesquelles* pour le pluriel.

Le mot auquel se rapporte le pronom *relatif* se nomme antécédent.

*D.* Faites-moi connaître par un exemple quel rapport a le pronom *relatif* avec le nom qui précède que vous appelez antécédent?

*R.* Quand je dis , *le maître qui aime ses écoliers*, *qui* se rapporte à maître, c'est comme si l'on disait le maître, *lequel* maître aime ses écoliers.

*D.* N'y a-t-il point d'autres pronoms relatifs?

*R.* *Y*, *en*, *le* et *où* sont par fois pronoms relatifs.

## CHAPITRE X.

### Des Pronoms absolus.

*D.* Qu'est-ce que les *pronoms absolus ?*

*R.* Les *pronoms absolus*, considérés par l'expression, sont, pour la plupart, les mêmes que les *relatifs*.

*D.* Comment en fait-on la différence?

*R.* Les *pronoms relatifs* ont un antécédent, et les *pronoms absolus* n'en ont point;

c'est-à-dire qu'ils ne se rapportent à aucun nom. Ils sont principalement d'usage dans les phrases interrogatives. Leur usage est encore de tenir lieu d'un objet vague indéterminé.

*D.* Comment peut-on distinguer plus facilement les pronoms relatifs, *qui*, *que* et *quoi* ?

*R. Quoi*, *que* et *qui* sont relatifs quand on peut les tourner par *lequel*, *laquelle*, *lesquels*, *lesquelles*, etc.

*Que* est aussi conjonction lorsqu'il ne peut se tourner par *lequel* ou *laquelle*.

*D.* N'y a-t-il point d'autres pronoms ?

*R. Où*, d'*où* et par *où* sont aussi regardés comme pronoms absolus.

*D.* Donnez des exemples des pronoms relatifs *absolus* ?

*R. Que* demandez-vous! *Qui* connaissez-vous? *Quelle* heure est-il?

*D.* N'y a-t-il pas deux manières d'écrire le mot *quelle*!

*R.* Il ne faut pas confondre *quelle*, pronom absolu, avec *qu'elle* qui renferme deux mots ( *que*, *elle* ) : voilà la seule règle à cet égard, *quelle* s'écrit en un seul mot si la phrase ne peut se décomposer, et dans le cas contraire, il s'écrit avec une apostrophe ( *qu'elle* ).

*Exemple :*

*Quelle* douceur dans l'amitié, il n'est point de peines *qu'elle* ne diminue.

Je puis dire point de peine que l'amitié ne diminue, et je ne peux décomposer *quelle douceur.*

*Remarque.* Quelques pronoms se présentent dans les phrases d'une manière un peu obscure : l'esprit ne saisit pas d'abord les mots ou les choses qu'ils remplacent : il faut un peu d'attention pour les trouver.

## CHAPITRE XI.

### *Des Pronoms indéfinis.*

*D.* Qu'est-ce que les *pronoms indéfinis ?*

*R.* Les pronoms indéfinis sont des mots qui ne se rapportent directement à aucun nom, ni exprimé, ni sous-entendu. Ils expriment leur objet d'une manière générale et tiennent souvent la place d'un ou de plusieurs noms.

*D.* Quels sont les *pronoms indéfinis ?*

*R.* Les *pronoms indéfinis* sont :

*On*, *quelqu'un*, *chacun*, *quiconque*, *autrui*, *personne*, *rien*, *quelque*, *chaque*, *certain*, *quelconque*, *nul*, *aucun*, *l'un*, *l'autre*, *tel*, *plusieurs*, *même*, *tout*, *toute*, *qui que*, *quoi* ; *e*, *que*, *certain.*

*D.*

*D.* Faites-moi connaître par des exemples l'emploi des pronoms indéfinis !

*R.* Quand je dis *on* frappe à la porte, ou *quelqu'un* frappe à la porte, je parle d'une personne, mais je ne désigne pas quelle est la personne qui frappe. /

*Quiconque* aime la vertu est heureux. *Chacun* suit son inclination, etc.

*Nota.* Il faut bien se rappeler que les *pronoms* sont presque toujours les mêmes, et qu'ils changent de dénomination, suivant leur emploi dans le discours. Au surplus, les mots d'une langue ne sont pas toujours fixes, c'est souvent leur emploi qui détermine leur véritable nature.

Nous avons vu des *adjectifs* devenir *substantifs*, et des *substantifs* prendre la place et faire les fonctions d'*adjectifs*.

### *Remarque sur le mot* TOUT.

Ce mot est amphibologique et le plus amphibologique de tous les mots, comme étant tantôt *collectif* et tantôt *distributif*; tantôt *particulier* et tantôt *général*; *substantif* de même qu'*adjectif*, et aussi souvent *conjonction* qu'*adverbe*.

Il sera *nom commun*, masculin, singulier, si vous l'employez seul; comme le *tout* est plus grand que sa partie. — Quand on est bien avec Dieu c'est le *tout*.

C'est en ce sens qu'à l'exemple de *ce* et de *rien* le mot *tout* rassemble en un seul ses antécédents. Exemple : le *monde*, les

5

*plaisirs*, la *fortune*, les *spectacles*, les *parents*, les *amis*, tout cela ne doit avoir que le reste de notre temps.

*Pronom indéfini*, quand il ne se rapporte directement à aucun nom, ni exprimé, ni sous-entendu. Exemple : *tout* innocent que vous êtes on vous accuse.

*Tout* chrétien doit adorer son Dieu.

*Adjectif*, quand il sera joint au nom, sous l'acception de *quelque personne* ou de *quelque chose* que ce soit. Exemple : *tout* homme est fragile, et *toute* femme est peccable ; c'est comme si je disais : *quelque homme que ce soit*, etc.

*Tout*, quand il est adjectif, prend le genre et le nombre du mot qui est après lui.

*Tout* est adverbe ou conjonction, quand il est pris dans le sens de *entièrement* et de *tout-à-fait*, comme la rivière coule *tout* doucement ; cette femme est toujours *tout* comme les autres.

# CHAPITRE XII.

## *Du Verbe.*

### TITRE PREMIER.

*D.* Qu'est-ce que le *verbe* et que signifie ce mot ?

*R.* C'est du latin *verbum* ( qui signifie

mot ) que nous avons formé le mot *verbe*.

Le *verbe* est une partie essentielle du discours qui nous aide à exprimer ce que nous avons dans la pensée. Il n'y a pas une seule phrase, pas une seule idée dans laquelle il n'entre un verbe.

*D.* Ne peut-on pas définir différemment le *verbe* ?

*R.* Le *verbe* a été différemment défini par les divers grammairiens ; mais en général le *verbe* est un mot qui exprime toutes les actions, soit du corps, comme *marcher*, se *promener*, etc. ; soit du cœur, comme *aimer*, *haïr*; soit de l'esprit, comme *méditer*, *réfléchir*, etc. On l'appelle *le mot par excellence*, car sans lui toutes les autres parties du discours ne feraient aucun sens.

*D.* Y a-t-il plusieurs sortes de verbes ?

*R.* Les grammairiens distinguent ordinairement six sortes de verbes; savoir : les verbes *actifs*, *neutres*, *réfléchis*, *réciproques* et *impersonnels;* mais ces différentes dénominations n'appartiennent qu'à la langue latine.

*Nota.* Comme on se sert quelquefois de ces mots dans les explications ( sur-tout dans les règles qui regardent le participe ). On en a donné l'explication à la fin du livre ( page 156 ).

*D.* Comment connaît-on qu'un mot est un verbe ?

*R.* Le mot devant lequel le sens permet de mettre un des pronoms personnels : *je*, *tu*, *il* ou *elle*, *nous*, *vous*, *ils* ou *elles* est un verbe. On le connaît aussi, parce qu'on peut mettre devant lui le mot *il faut*.

## TITRE 2.

### Des Modes.

*D.* Qu'y a-t-il à considérer dans les verbes ?

*R.* L'orthographe considère quatre choses dans les verbes, les *modes*, les *temps*, les *personnes* et les *nombres*.

*D.* Qu'entendez-vous par *modes* ?

*R.* Les *modes* sont les différentes manières d'employer le verbe dans ses différentes circonstances. Le besoin que les hommes ont eu d'expliquer plus distinctement, ce qui se passe dans leur esprit, ou d'exprimer le mouvement qu'ils éprouvent quand ils affirment, quand ils commandent ou quand ils prient, a donné lieu aux modes.

*D.* Combien y a-t-il de modes dans les verbes ?

*R.* Il y en a quatre ; savoir : l'*indicatif* l'*impératif*, le *subjonctif* et l'*infinitif*.

*D.* Qu'est-ce que l'*indicatif* ?

*R.* Un verbe est à l'*indicatif* quand il ne dépend d'aucun autre mot, ce mode marque l'affirmation et forme un sens par lui-même , comme quand je dis : *j'aime* ou *j'aimerai* l'étude ; vous m'*avez fait* plaisir, etc. L'indicatif a onze temps.

*D.* Qu'est-ce que *l'impératif ?*

*R.* C'est une manière d'exprimer dans les verbes l'action de *commander*, de *prier*, d'*exhorter* ou de *défendre* ; comme quand je dis : *craignez Dieu ; faites votre devoir*, etc.

Ce mode n'a que deux temps, le *présent* et le *futur*, parce qu'on commande pour qu'une chose se fasse, soit à présent, soit plus tard. Il n'a point de première personne , parce qu'on ne se commande pas à soi-même.

*D.* Qu'est-ce que le *subjonctif ?*

*R.* Le *subjonctif* s'emploie quand on commande ou que l'on conseille de faire une chose. Un verbe est au subjonctif quand il y a devant lui un autre verbe auquel il est joint par le mot *que* et sans lequel il ne signifierait rien ; comme quand je dis : *il faut que je parte ; je serais fâché qu'il sortit*, etc. Ce mode n'a que quatre temps.

Voyez la page 13 pour apprendre comment on doit employer les temps du subjonctif.

*D.* Qu'est-ce que *l'infinitif ?*

*R.* C'est dans le verbe une manière de parler de l'action sans en déterminer ni nombres, ni personnes. Un verbe est à l'*in-*

*finitif* quand il est terminé en *er*, *ir*, *oir* ou *re*. Ce mode a sept temps.

## TITRE 3.

### *Des Temps.*

*D.* Qu'entendez-vous par le temps?

*R.* Le *temps*, en terme de grammaire, est le temps de la durée auquel se rapporte l'existence ou l'action.

*D.* Combien y a-t-il de *temps ?*

*R.* Proprement parlant il n'y a que trois *temps* principaux ou naturels.

Le *présent*, qui est le temps où se fait quelque chose.

Le *passé*, qui marque le temps où s'est fait quelque chose.

Le *futur*, qui est le temps où se fera quelque chose.

Chacun de ces temps en renferme d'autres qui ( considérés par l'expression ) sont divisés en temps *simples* ( que l'on appelle aussi *formateurs* ou *primitifs* ) et en temps *composés*.

*D.* Quels sont les temps *simples ?*

*R.* Les temps *simples* d'un verbe sont ceux qui ne consistent que dans un seul mot, comme j'*aime*, je *recevrai*, je *finis*, je *rends*. Il y en a onze.

*D.* Quels sont les temps *composés ?*

*R.* Les temps *composés* d'un verbe sont

ceux qui se forment du participe passé passif, joint à l'un des temps simples du verbe *avoir* ou *être*. Ils sont au nombre de dix, les uns et les autres sont faciles à distinguer dans les conjugaisons qui vont suivre

*D.* Quels sont les temps les plus difficiles à former?

*R.* Ce sont les temps qui servent à former les autres, et que l'on appelle *formateurs* ou *primitifs*.

*D.* Combien y a-t-il de temps *primitifs ?*

*R.* Il y en a cinq, savoir :

L'*infinitif* présent.

Le *participe* actif présent.

Le *participe* passé passif.

Le *présent* de l'indicatif.

Le *parfait* défini.

On remarquera dans les conjugaisons comment ces temps servent à former les autres et quels sont ceux qui sont formés de chacun d'eux. On trouvera à la page 132 la signification des principaux temps.

*D.* Combien un verbe a-t-il de *temps ?*

*R.* Un verbe comprend vingt-quatre *temps*, dont l'*indicatif*, onze ; l'*impératif*, deux ; le *subjonctif*, quatre ; l'*infinitif*, sept.

## TITRE 4.

### Des Personnes.

*D.* Qu'est-ce que les *personnes* dans les verbes?

*R.* Ce sont comme dans les pronoms, la *première*, la *seconde* et la *troisième*. Les pronoms *je* et *nous*, marquent la première personne, c'est-à-dire celle qui parle.

Les pronoms *tu*, *vous*, marquent la deuxième, c'est-à-dire celle à qui on parle; *il*, *elle*, *ils*, *elles*, ( et le nom devant le verbe ) marquent la troisième personne, c'est-à-dire celle de qui l'on parle.

*Nota.* Les verbes qui se trouvent à la troisième personne ne sont pas toujours précédés d'un pronom, mais le nom en tient la place et alors le verbe est à la troisième personne. Les verbes à la deuxième et à la troisième personne ont toujours leurs pronoms devant. Les pronoms sont souvent placés après le verbe, sur-tout quand on interroge.

## TITRE 5.

### Des Nombres.

*D.* Qu'est-ce que le *nombre* dans les verbes ?

*R.* Le *nombre* dans les verbes est comme dans les noms, le singulier et le pluriel. Il marque si le mot doit être entendu d'une *seule* personne ou chose ou de *plusieurs*.

— Ainsi le verbe est au *singulier* quand il a rapport à une seule personne ou chose, et il est au *pluriel* quand il a rapport à plusieurs.

*D.* Comment connaît-on le singulier ou le pluriel d'un verbe ?

*R.* Les noms ou les pronoms personnels qui précèdent les verbes en font connaître le nombre. On le connaît aussi par la différence des terminaisons.

*D.* Combien y a-t-il de conjugaisons ?

*R.* Il y a en français quatre conjugaisons.

La première à l'infinitif, terminé en *er*, comme *aimer*.

La seconde, en *ir*, comme *finir*.

La troisième, en *oir*, comme *recevoir*.

La quatrième, en *re*, comme *rendre*.

Quelque nombreux que soient nos verbes, ils peuvent se rapporter à l'une ou à l'autre de ces quatre terminaisons. L'on conjuguera donc le verbe sur l'une de ces quatre conjugaisons, en suivant sa terminaison.

*D.* Combien notre langue a-t-elle de verbes ?

*R.* On en compte environ 4520.

*D.* Qu'est-ce que conjuguer ?

*R.* C'est réciter de suite les différents modes d'un verbe, avec tous leurs temps, leurs nombres et leurs personnes.

*D.* Quels sont les verbes qu'il faut d'abord savoir conjuguer ?

*R.* Les verbes *être* et *avoir* que l'on appelle *verbes auxiliaires*, parce qu'ils servent à conjuguer les autres.

Il est absolument nécessaire, pour bien
orthographier et conjuguer, de connaître
parfaitement ces deux verbes.

*Nota.* Voyez la page 130 pour savoir dans quel cas
on doit employer le verbe *être* ou le verbe *avoir*.

*Remarque.* La *conjugaison verbale* a sur
la conjugaison écrite l'avantage de la célé-
rité, et la *conjugaison écrite*, celui d'une
impression plus durable. Employez l'une et
l'autre tour-à-tour ; conjuguez sur-tout les
verbes qu'un usage moins fréquent rend
moins familiers, ou qu'un mauvais usage
dégrade par des inflexions vicieuses, tels
sont ceux compris au tableau, page 105.

# VERBE AUXILIAIRE AVOIR.

## INDICATIF.

**PRÉSENT.**

*Maintenant.*

*Sing.* J'ai
Tu as.
Il *ou* elle a.
*Plur.* Nous avons.
Vous avez.
Ils *ou* elles ont.

**IMPARFAIT.**

*Autrefois.*

J'avais.
Tu avais.
Il avait.
Nous avions.
Vous aviez.
Ils avaient.

**PARFAIT DÉFINI (1).**

*Hier, la semaine dernière.*

J'eus.
Tu eus.
Il eut.
Nous eûmes.
Vous eûtes.
Ils eurent.

**PARFAIT INDÉFINI.**

*Ce matin.*

J'ai eu.
Tu as eu.
Il a eu.
Nous avons eu.
Vous avez eu.
Ils ont eu.

**PARFAIT ANTÉRIEUR.**

*Quand.*

J'eus eu.
Tu eus eu.
Il eut eu.
Nous eûmes eu.
Vous eûtes eu.
Ils eurent eu.

**PLUS-QUE PARFAIT.**

*Avant telle époque,*

J'avais eu.
Tu avais eu.
Il avait eu.
Nous avions eu.
Vous aviez eu.
Ils avaient eu.

(1) On appelle parfait *défini* celui qui marque un temps entièrement passé ; exemple : *j'eus hier la fièvre*. On appelle parfait *indéfini* celui qui marque un temps dont il peut rester encore quelque partie à s'écouler , exemple : *j'ai eu la fièvre aujourd'hui.* On appelle parfait *antérieur* celui qui marque une chose faite avant une autre; exemple : *dès que nous eûmes vu l'Empereur, nous partîmes.*

FUTUR.

*Demain ,*

J'aurai.
Tu auras.
Il aura.
Nous aurons.
Vous aurez.
Ils auront.

FUTUR PASSÉ.

*Quand telle chose arri-*
*vera ,*

J'aurai eu.
Tu auras eu.
Il aura eu.
Nous aurons eu.
Vous aurez eu.
Ils auront eu.

PRÉSENT CONDITIONNEL.

*Si telle chose existait*
*maintenant ,*

J'aurais.
Tu aurais.
Il aurait.
Nous aurions.
Vous auriez.
Ils auraient.

PARFAIT CONDITIONNEL.

*Si telle chose avait existé*
*hier* ou *ce matin ,*

J'aurais eu.
Tu aurais eu.
Il aurait eu.
Nous aurions eu.
Vous auriez eu.
Ils auraient eu (1).

# IMPÉRATIF.

PRÉSENT et FUTUR.

*Point de première per-*
*sonne.*
Aye.
Qu'il ait.

Ayons.
Ayez.
Qu'ils aient.

# SUBJONCTIF.

PRÉSENT et FUTUR.

*Il faut, il faudra, il aura*
*fallu*
Que j'aye.

Que tu ayes.
Qu'il ait.
Que nous ayons.
Que vous ayez.
Qu'ils aient.

---

(1) *On dit aussi* · J'eusse eu, tu eusses eu, il eût eu, nous
eussions eu, vous eussiez eu, ils eussent eu.

### IMPARFAIT.

*Il fallut, il a fallu, il aurait fallu, il faudrait, il aurait fallu.*

Que j'eusse.
Que tu eusses.
Qu'il eût.
Que nous eussions.
Que vous eussiez.
Qu'ils eussent.

### PARFAIT.

*Il faut, il a fallu, il faudra, il aura fallu*

Que j'aye eu.

Que tu ayes eu.
Qu'il ait eu.
Que nous ayons eu.
Que vous ayez eu.
Qu'ils aient eu.

### PLUS-QUE-PARFAIT.

*Il faudrait, il aurait fallu*

Que j'eusse eu
Que tu eusses eu.
Qu'il eût eu.
Que nous eussions eu.
Que vous eussiez eu.
Qu'ils eussent eu.

# INFINITIF.

### PRÉSENT.

Avoir.

### PARFAIT.

Avoir eu.

### PARTICIPE PRÉSENT.

Ayant.

### PARTICIPE PASSÉ.

Ayant eu.

### PARTICIPE FUTUR.

Devant avoir.

### PARTICIPE PASSÉ PASSIF.

Eu, eue.

# ÉTRE.

# INDICATIF.

### PRÉSENT.

*Maintenant*

Je suis.
Tu es.

Il *ou* elle est.
Nous sommes.
Vous êtes.
Ils *ou* ou elles sont.

IMPARFAIT.

*Autrefois*

J'étais.
Tu étais.
Il était.
Nous étions.
Vous étiez.
Ils étaient.

PARFAIT DÉFINI.

*Hier, la semaine dernière,*

Je fus.
Tu fus.
Il fut.
Nous fûmes.
Vous fûtes.
Ils furent.

PARFAIT INDÉFINI.

*Ce matin, pendant ce mois,*

J'ai été.
Tu as été.
Il a été.
Nous avons été.
Vous avez été.
Ils ont été.

PARFAIT ANTÉRIEUR.

Quand

J'eus été.
Tu eus été.
Il eut été.
Nous eûmes été.
Vous eûtes été.
Ils eurent été.

PLUS-QUE-PARFAIT.

*Avant telle époque,*

J'avais été.
Tu avais été.
Il avait été.
Nous avions été.
Vous aviez été.
Ils avaient été.

FUTUR.

*Demain*

Je serai.
Tu seras.
Il sera.
Nous serons.
Vous serez.
Ils seront.

FUTUR PASSÉ.

*Quand telle chose arrivera,*

J'aurai été.
Tu auras été.
Il aura été.
Nous aurons été.
Vous aurez été.
Ils auront été.

PRÉSENT CONDITIONNEL.

*Si telle chose existait maintenant,*

Je serais.
Tu serais.
Il serait.
Nous serions.
Vous seriez.
Ils seraient.

PARFAIT CONDITIONNEL.

*Si telle chose avait
existé,*

J'aurais été.

Tu aurais été.
Il aurait été.
Nous aurions été.
Vous auriez été.
Ils auraient été (1).

# IMPÉRATIF.

## PRÉSENT *ou* FUTUR.

*Point de première per-
sonne.*
Sois.
Qu'il soit.

Soyons.
Soyez.
Qu'ils soient.

# SUBJONCTIF.

## PRÉSENT OU FUTUR.

*Il faut, il faudra, il aura
fallu*

Que je sois.
Que tu sois.
Qu'il soit.
Que nous soyons.
Que vous soyez.
Qu'il soient.

## IMPARFAIT.

*Il fallut, il a fallu, il
aurait fallu, il fau-
drait, il avait fallu.*

Que je fusses.
Que tu fusses.
Qu'il fût.
Que nous fussions.
Que vous fussiez.
Qu'ils fussent.

## PARFAIT.

*Il faut, il a fallu, il fau-
dra, il aura fallu*

Que j'aye été.
Que tu ayes été.
Qu'il ait été.
Que nous ayons été.
Que vous ayez été.
Qu'ils aient été.

## PLUS-QUE-PARFAIT.

*Il faudrait, il aurait
fallu*

Que j'eusse été.
Que tu eusses été.
Qu'il eût été.
Que nous eussions été.
Que vous eussiez été.
Qu'il eussent été.

---

(1) *On dit aussi ·* J'eusse été, tu eusses été, il eût été, nous
eussions été, vous eussiez été, ils eussent été.

## INFINITIF.

| PRÉSENT. | PARTICIPE PRÉSENT. |
|---|---|
| Être. | Étant. |
| **PARFAIT.** | |
| Avoir été. | **PARTICIPE PASSÉ.** |
| **FUTUR.** | Été, ayant été. |
| Devoir être. | |
| **FUTUR PASSÉ.** | **PARTICIPE FUTUR.** |
| Avoir du être. | Devant être. |

*Nota.* Le participe *été* n'a ni féminin ni pluriel.

~~~~~~~~

*Les quatre Conjugaisons françaises.*

## PREMIÈRE CONJUGAISON, EN ER.

## INDICATIF.

PRÉSENT,

*Temps primitif.*

J'aime.
Tu aimes.
Il aime.
Nous aimons.
Vous aimez.
Ils aiment.

IMPARFAIT,

*Formé du participe présent Aimant, en changeant ant en ais.*

J'aimais.

Tu aimais.
Il aimait.
Nous aimions.
Vous aimiez.
Ils aimaient.

PARFAIT DÉFINI,

*Temps primitif.*

J'aimai.
Tu aimas.
Il aima.
Nous aimmâes.
Vous aimâtes.
Ils aimérent.

PARFAIT

PARFAIT INDÉFINI,

*Temps composé* (1).

J'ai aimé.
Tu as aimé.
Il a aimé.
Nous avons aimé.
Vous avez aimé.
Ils ont aimé.

PARFAIT ANTÉRIEUR DÉFINI,

*Temps composé.*

J'eus aimé.
Tu eus aimé.
Il eût aimé.
Nous eûmes aimé.
Vous eûtes aimé.
Ils eurent aimé.

PARFAIT ANTÉRIEUR INDÉFINI,

*Temps composé.*

J'ai eu aimé.
Tu as eu aimé.
Il a eu aimé.
Nous avons eu aimé.
Vous avez eu aimé.
Ils ont eu aimé.

PLUS - QUE - PARFAIT,

*Temps composé.*

J'avais aimé.
Tu avais aimé.
Il avait aimé.

Nous avions aimé.
Vous aviez aimé.
Ils avaient aimé.

FUTUR,

*Formé du présent de l'in-
finitif, en changeant
r en* rai.

J'aimerai.
Tu aimeras.
Il aimera.
Nous aimerons.
Vous aimerez.
Ils aimeront.

FUTUR PASSÉ,

*Temps composé.*

J'aurai aimé.
Tu auras aimé.
Il aura aimé.
Nous aurons aimé.
Vous aurez aimé.
Ils auront aimé.

PRÉSENT CONDITIONNEL,

*Formé du futur de l'in-
dicatif* J'aimerai, *en
changeant* rai *en* rais.

J'aimerais.
Tu aimerais.
Il aimerait.
Nous aimerions.
Vous aimeriez.
Ils aimeraient.

(1) Les temps composés, dans les quatre conjugaisons, se forment du participe passif, joint à l'un des temps du verbe auxiliaire *Avoir.*

6

PARFAIT CONDITIONNEL, | Il aurait aimé.

*Temps composé.* | Nous aurions aimé.

| Vous auriez aimé.

J'aurais aimé. | Ils auraient aimé (1).

Tu aurais aimé. |

# IMPÉRATIF.

## PRÉSENT OU FUTUR,

*Formé du présent de l'indicatif* J'aime, *en ôtant le pronom* je.

Point de première per- | Aimons.

sonne. | Aimez.

Aime. | Qu'ils aiment.

Qu'il aime. |

# SUBJONCTIF.

PRÉSENT OU FUTUR, | Qu'il aim*ât.*

*Formé du participe pré- | Que nous aim*assions.*

sent* Aimant, *en chan- | Que vous aim*assiez.*

geant* ant *en* e *muet.* | Qu'ils aim*assent.*

Que j'aime. | PARFAIT,

Que tu aim*es.* | *Temps composé.*

Qu'il aime. |

Que nous aim*ions.* | Que j'aye aimé.

Que vous aim*iez.* | Que tu ayes aimé.

Qu'ils aim*ent.* | Qu'il ait aimé.

| Que nous ayons aimé.

IMPARFAIT, | Que vous ayez aimé.

*Formé du parfait défini | Qu'ils aient aimé.

J'aimai, *en changeant | PLUS - QUE - PARFAIT,

ai *en* asse. | *Temps composé.*

Que j'aim*asse* | Que j'eusse aimé.

Que tu aim*asses.* | Que tu eusses aimé.

---

(1) *On dit aussi.* J'eusse aimé, tu eusses aimé, il eût aimé, nous eussions aimé, vous eussiez aimé, ils eussent aimé.

Qu'il eût aimé. | Que vous eussiez aimé.
Que nous eussions aimé. | Qu'ils eussent aimé.

# INFINITIF.

PRÉSENT,

*Temps primitif.*

Aimer.

PARFAIT,

*Temps composé.*

Avoir aimé.

FUTUR,

*Composé du présent de l'infinitif* Aimer, *et du verbe* Devoir.

Devoir aimer.

FUTUR PASSÉ,

*Composé du présent de l'infinitif* Aimer, *et du verbe* Devoir.

Avoir dû aimer.

PARTICIPE PRÉSENT,

*Temps primitif.*

Aimant.

PARTICIPE PASSÉ,

*Temps composé.*

Ayant aimé.

PARTICIPE FUTUR,

*Composé du présent de l'infinitif* Aimer, *et du verbe* Devoir.

Devant aimer.

PARTICIPE PASSÉ PASSIF,

*Temps primitif.*

Aimé, aimée.

Ainsi se conjugent les verbes *Chanter*, *Manger*, *Marcher*, *Appeler*, et les autres dont l'infinitif se termine en *er*.

## OBSERVATION.

Dans cette conjugaison, ainsi que dans les suivantes, il n'y a, à l'indicatif, que cinq temps simples, savoir : le *présent simple*, l'*imparfait*, le *parfait défini*, le *futur simple* et le *présent conditionnel* : tous les autres sont formés du participe passé passif, combiné avec un temps du verbe *avoir.* Donc, lorsqu'on connaîtra bien toutes les finales de ces cinq temps, on saura conjuguer.

*Deuxième Conjugaison, en* IR.

## INDICATIF.

PRÉSENT,

*Temps primitif.*

Je finis.
Tu finis.
Il finit.
Nous finissons.
Vous finissez.
Ils finissent.

IMPARFAIT,

*Formé du participe présent* Finissant, *en changeant* ant *en* ais.

Je finiss*ais.*
Tu finiss*ais.*
Il finiss*ait.*
Nous finiss*ions.*
Vous finiss*iez.*
Ils finiss*aient.*

PARFAIT DÉFINI,

*Temps primitif.*

Je finis.
Tu finis.
Il finit.

Nous finîmes.
Vous finîtes.
Ils finirent.

PARFAIT INDÉFINI,

*Temps composé.*

J'ai fini.
Tu as fini.
Il a fini.
Nous avons fini.
Vous avez fini.
Ils ont fini.

PARFAIT ANTÉRIEUR DÉFINI,

*Temps composé.*

J'eus fini.
Tu eus fini.
Il eut fini.
Nous eûmes fini.
Vous eûtes fini.
Ils eurent fini.

PARFAIT ANTÉRIEUR INDÉFINI

*Temps composé.*

J'ai eu fini.
Tu as eu fini.

Il a eu fini.
Nous avons eu fini.
Vous avez eu fini.
Ils ont eu fini.

PLUS-QUE-PARFAIT,

*Temps composé.*

J'avais fini.
Tu avais fini.
Il avait fini.
Nous avions fini.
Vous aviez fini.
Ils avaient fini.

FUTUR,

*Formé du présent de l'in-
finitif* Finir, *en chan-
geant* r *en* rai.

Je finir*ai.*
Tu finir*as.*
Il finir*a.*
Nous finir*ons.*
Vous finir*ez.*
Ils finir*ont.*

FUTUR PASSÉ,

*Temps composé.*

J'aurai fini.

Tu auras fini.
Il aura fini.
Nous aurons fini.
Vous aurez fini.
Ils auront fini.

PRÉSENT CONDITIONNEL,

*Formé du futur de l'indi-
catif* Je finirai, *en changeant* rai *en* rais.

Je finir*ais.*
Tu finir*ais.*
Il finir*ait.*
Nous finir*ions.*
Vous finir*iez.*
Ils finir*aient.*

PARFAIT CONDITIONNEL,

*Temps composé.*

J'aurais fini.
Tu aurais fini.
Il aurait fini.
Nous aurions fini.
Vous auriez fini.
Ils auraient fini (*).

---

(*) *On dit aussi :* J'eusse fini, tu eusses fini, il eût fini;
nous eussions fini, vous eussiez fini, ils eussent fini.

# IMPÉRATIF.

### Présent ou Futur,

*Formé du présent de l'indicatif* Je finis *, en ôtant le pronom* je.

| | |
|---|---|
| *Point de première personne.* | Finissons. |
| Finis. | Finissez. |
| Qu'il finisse. | Qu'ils finissent. |

# SUBJONCTIF.

### Présent ou Futur,

*Formé du participe présent* Finissant *, en changeant* ant *en* e *muet.*

Que je finisse.
Que tu finisses.
Qu'il finisse.
Que nous finissions.
Que vous finissiez.
Qu'ils finissent.

### Imparfait,

*Formé du parfait défini* Je finis *, en ajoutant* se.

Que je finisse.
Que tu finisses.
Qu'il finît.
Que nous finissions.
Que vous finissiez.
Qu'ils finissent.

### Parfait,

*Temps composé.*

Que j'aye fini.
Que tu ayes fini.
Qu'il ait fini.
Que nous ayons fini.
Que vous ayez fini.
Qu'ils aient fini.

### Plus-que-parfait,

*Temps composé.*

Que j'eusse fini.
Que tu eusses fini.
Qu'il eût fini.
Que nous eussions fini.
Que vous eussiez fini.
Qu'ils eussent fini.

# INFINITIF.

| PRÉSENT,<br>*Temps primitif.* | PARTICIPE PRÉSENT,<br>*Temps primitif.* |
|---|---|
| Finir. | Finissant. |
| PARFAIT,<br>*Temps composé.* | PARTICIPE PASSÉ,<br>*Temps composé.* |
| Avoir fini. | Ayant fini. |
| FUTUR,<br>*Composé du présent de l'infinitif* Finir, *et du verbe* Devoir. | PARTICIPE FUTUR,<br>*Composé du présent de l'infinitif* Finir, *et du verbe* Devoir. |
| Devoir finir. | Devant finir. |
| FUTUR PASSÉ,<br>*Composé du présent de l'infinitif* Finir, *et du verbe* Devoir. | PARTICIPE PASSÉ PASSIF,<br>*Temps primitif.* |
| Avoir dû finir. | Fini, finie. |

Ainsi se conjuguent *Avertir*, *Guérir*, *Ensevelir*, *Bénir*, etc.; mais ce dernier a deux participes : *Bénit*, *bénite*, pour les choses consacrées par les prières des prêtres ; *béni*, *bénie*, par-tout ailleurs. *Haïr*, qui se conjugue aussi sur ce verbe, fait, au présent de l'indicatif, *je hais*, *tu hais*, *il hait* : on prononce *je hès*, *tu hès*, *il hèt*.

# TROISIÈME CONJUGAISON, EN OIR.

## INDICATIF.

### PRÉSENT,

*Temps primitif.*

Je reçois.
Tu reçois.
Il reçoit.
Nous recevons.
Vous recevez.
Ils reçoivent.

### IMPARFAIT,

*Formé du participe présent Recevant, en changeant ant en ais.*

Je recevais.
Tu recevais.
Il recevait.
Nous recevions.
Vous receviez.
Ils recevaient.

### PARFAIT DÉFINI,

*Temps primitif.*

Je reçus.
Tu reçus.
Il reçut.
Nous reçûmes.
Vous reçûtes.
Ils reçurent.

### PARFAIT INDÉFINI,

*Temps composé.*

J'ai reçu.
Tu as reçu.
Il a reçu.
Nous avons reçu.
Vous avez reçu.
Ils ont reçu.

### PARFAIT ANTÉRIEUR DÉFINI,

*Temps composé.*

J'eus reçu.
Tu eus reçu.
Il eut reçu.
Nous eûmes reçu.
Vous eûtes reçu.
Ils eurent reçu.

### PARFAIT ANTÉRIEUR INDÉFINI,

*Temps composé.*

J'ai eu reçu.
Tu as eu reçu.
Il a eu reçu.
Nous avons eu reçu.
Vous avez eu reçu.
Ils ont eu reçu.

PLUS - QUE - PARFAIT ,

*Temps composé.*

J'avais reçu.
Tu avais reçu.
Il avait reçu.
Nous avions reçu.
Vous aviez reçu.
Ils avaient reçu.

FUTUR,

*Formé du présent de l'in-*
*finitif* Recevoir, *en chan-*
*geant* oir *en* rai.

Je recevrai.
Tu recevras.
Il recevra.
Nous recevrons,
Vous recevrez.
Ils recevront.

FUTUR PASSÉ,

*Temps composé.*

J'aurai reçu.
Tu auras reçu.

Il aura reçu.
Nous aurons reçu.
Vous aurez reçu.
Ils auront reçu.

PRÉSENT CONDITIONNEL ,

*Formé du futur de l'indi-*
*catif* Je recevrai, *en chan-*
*geant* rai *en* rais.

Je recevrais.
Tu recevrais.
Il recevrait.
Nous recevrions.
Vous recevriez.
Ils recevraient.

PARFAIT CONDITIONNEL ,

*Temps composé.*

J'aurais reçu.
Tu aurais reçu.
Il aurait reçu.
Nous aurions reçu.
Vous auriez reçu.
Ils auraient reçu (*).

# IMPÉRATIF.

### PRÉSENT OU FUTUR.

*Formé du présent de l'indicatif* Je reçois, *en ôtant*
*le pronom* je.

Point de première per-
sonne.
Reçois.
Qu'il reçoive.

Recevons.
Recevez.
Qu'ils reçoivent.

(*) *On dit aussi :* J'eusse reçu , tu eusses reçu , il eût reçu;
nous eussions reçu , vous eussiez reçu , ils eussent reçu.

# SUBJONCTIF.

### PRÉSENT ou FUTUR,

*Formé du présent de l'indicatif* Je reçois, *en changeant* ois *en* oive.

Que je reçoive.
Que tu reçoives.
Qu'il reçoive.
Que nous recevions.
Que vous receviez.
Qu'ils reçoivent.

### IMPARFAIT.

*Formé du parfait défini* Je reçus, *en ajoutant* sc.

Que je reçusse.
Que tu reçusses.
Qu'il reçût.
Que nous reçussions.
Que vous reçussiez.
Qu'ils reçussent.

### PARFAIT,

*Temps composé.*

Que j'aye reçu.
Que tu ayes reçu.
Qu'il ait reçu.
Que nous ayons reçu.
Que vous ayez reçu.
Qu'ils aient reçu.

### PLUS-QUE-PARFAIT,

*Temps composé.*

Que j'eusse reçu.
Que tu eusses reçu.
Qu'il eût reçu.
Que nous eussions reçu.
Que vous eussiez reçu.
Qu'ils eussent reçu.

# INFINITIF.

### PRÉSENT,

*Temps primitif.*

Recevoir.

### PARFAIT,

*Temps composé.*

Avoir reçu.

### FUTUR,

*Composé du présent de l'infinitif* Recevoir, *et du verbe* Devoir.

Devoir recevoir.

### FUTUR PASSÉ,

*Composé du présent de l'infinitif* Recevoir, *et du verbe* Devoir.

Avoir dû recevoir.

### PARTICIPE PRÉSENT,

*Temps primitif.*

Recevant.

### PARTICIPE PASSÉ,

*Temps composé.*

Ayant reçu.

PARTICIPE FUTUR,

*Composé du présent de l'infinitif* Recevoir, *et du verbe* Devoir.

Devant recevoir.

PARTICIPE PASSÉ PASSIF,

*Temps primitif.*

Reçu, reçue.

Ainsi se conjuguent *Apercevoir, Concevoir, Devoir, Percevoir, etc.*

## QUATRIÈME CONJUGAISON, EN·RE.

## INDICATIF.

PRÉSENT,

*Temps primitif.*

Je rends.
Tu rends.
Il rend.
Nous rendons.
Vous rendez.
Ils rendent.

PARFAIT DÉFINI,

*Temps primitif.*

Je rendis.
Tu rendis.
Il rendit.
Nous rendîmes.
Vous rendîtes.
Ils rendirent.

IMPARFAIT,

*Formé du participe présent* Rendant, *en changeant* ant *en* ais.

Je rendais.
Tu rendais.
Il rendait.
Nous rendions.
Vous rendiez.
Ils rendaient.

PARFAIT INDÉFINI,

*Temps composé.*

J'ai rendu.
Tu as rendu.
Il a rendu.
Nous avons rendu.
Vous avez rendu.
Ils ont rendu.

PARFAIT ANTÉRIEUR DÉFINI,

*Temps composé.*

J'eus rendu.
Tu eus rendu.
Il eût rendu.
Nous cûmes rendu.
Vous cûtes rendu.
Ils eurent rendu.

PARFAIT ANTÉRIEUR INDÉFINI.

*Temps composé.*

J'ai eu rendu.
Tu as eu rendu.
Il a eu rendu.
Nous avons eu rendu.
Vous avez eu rendu.
Ils ont eu rendu.

PLUS-QUE-PARFAIT,

*Temps composé.*

J'avais rendu.
Tu avais rendu.
Il avait rendu.
Nous avions rendu.
Vous aviez rendu.
Ils avaient rendu.

FUTUR,

*Formé du présent de l'infinitif* Rendre, *en changeant* re *en* rai.

Je rend*rai.*
Tu rend*ras.*

Il rend*ra.*
Nous rend*rons.*
Vous rend*rez.*
Ils rend*ront.*

FUTUR PASSÉ,

*Temps composé.*

J'aurai rendu.
Tu auras rendu.
Il aura rendu.
Nous aurons rendu.
Vous aurez rendu.
Ils auront rendu.

PRÉSENT CONDITIONNEL,

*Formé du futur de l'indicatif* Je rend*rai, en changeant* rai *en* rais.

Je rend*rais.*
Tu rend*rais.*
Il rend*rait.*
Nous rend*rions.*
Vous rend*riez.*
Ils rend*raient.*

PARFAIT CONDITIONNEL,

*Temps composé.*

J'aurais rendu.
Tu aurais rendu.
Il aurait rendu.
Nous aurions rendu.
Vous auriez rendu.
Ils auraient rendu (*).

(*) *On dit aussi*. J'eusse rendu, tu eusses rendu, il eût rendu ; nous eussions rendu, vous eussiez rendu, ils eussent rendu,

# IMPÉRATIF.

## PRÉSENT ou FUTUR,

*Formé du présent de l'indicatif* Je rends, *en ôtant le pronom* je.

| | |
|---|---|
| Point de première personne. | Rendons. |
| | Rendez. |
| Rends. | Qu'ils rendent. |
| Qu'il rende. | |

# SUBJONCTIF.

## PRÉSENT ou FUTUR,

*Formé du participe présent* Rendant , *en changeant* ant *en* e *muet.*

Que je rende.
Que tu rend*es.*
Qu'il rend*e.*
Que nous rend*ions.*
Que vous rend*iez.*
Qu'ils rend*ent.*

## IMPARFAIT,

*Formé du parfait défini* Je rendis, *en ajoutant* se.

Que je rendi*sse.*
Que tu rendi*sses.*
Qu'il rendi*t.*
Que nous rendi*ssions.*
Que vous rendi*ssiez.*
Qu'ils rendi*ssent.*

## PARFAIT,

*Temps composé.*

Que j'aye rendu.
Que tu ayes rendu.
Qu'il ait rendu.
Que nous ayons rendu.
Que vous ayez rendu.
Qu'ils aient rendu.

## PLUS-QUE-PARFAIT,

*Temps composé.*

Que j'eusse rendu.
Que tu eusses rendu.
Qu'il eût rendu.
Que nous eussions rendu.
Que vous eussiez rendu.
Qu'ils eussent rendu.

# INFINITIF.

PRÉSENT,

*Temps primitif.*

Rendre.

PARFAIT,

*Temps composé.*

Avoir rendu.

FUTUR,

*Composé du présent de l'infinitif* Rendre, *et du verbe* Devoir.

Devoir rendre.

FUTUR PASSÉ,

*Composé du présent de l'infinitif* Rendre, *et du verbe* Devoir.

Avoir dû rendre.

PARTICIPE PRÉSENT,

*Temps primitif.*

Rendant.

PARTICIPE PASSÉ,

*Temps composé.*

Ayant rendu.

PARTICIPE FUTUR,

*Composé du présent de l'infinitif* Rendre, *et du verbe* Devoir.

Devant rendre.

PARTICIPE PASSÉ PASSIF,

*Temps primitif.*

Rendu, rendue.

Ainsi se conjuguent *Attendre, Croire, Conduire, Craindre, Taire, etc.*

---

# CHAPITRE XIII.

*Du sujet du Verbe.*

Chaque phrase a un *sujet*, un *verbe* et un *régime*.

*D.* Qu'est-ce qu'une phrase ?

*R.* Plusieurs mots réunis ensemble, de manière à former un sens, font ce qu'on appelle une *phrase.*

*D.* Qu'appelez-vous *sujet* du verbe?

*R.* Pour se former une juste idée du *sujet* du verbe, il faut se rappeler que le verbe *est un mot qui marque une action.*

Hé bien! la personne ou la chose qui *est* ou qui *fait* l'action marquée par le verbe, est ce que nous appelons *le sujet du verbe.*

*D.* Ne donne-t-on pas un autre nom au sujet du verbe ?

*R.* On l'appelle aussi *nominatif,* ce mot signifie ce qui nomme.

*D.* Quelle est la règle la plus nécessaire à observer pour bien écrire un verbe.

*R.* Le verbe doit être du même nombre et de la même personne que son *nominatif* ou *sujet.*

*D.* Qu'entendez-vous par-là?

*R.* C'est-à-dire que le verbe sera mis au même nombre et à la même personne que le *pronom* ou le *nom* qui est devant. Il faut ici se rappeler ce que c'est que les personnes et quels sont les pronoms que l'on emploie, tant au singulier qu'au pluriel, pour désigner les personnes. ( *Voyez la pag.* 52 *et suiv.* )

*D.* Si l'on ne connaît pas sûrement le sujet du verbe, que faut-il faire pour le connaître !

*R.* On connaît le sujet d'un verbe en

mettant avant le verbe cette question, *qui est-ce qui !* La réponse donnera le sujet.

*D.* Faites-moi mieux comprendre cela par un exemple !

*R.* Si je dis : *le livre que le maître m'a donné*, et que je veuille connaître le sujet du verbe *m'a donné*, je fais cette question ; *qui est-ce qui m'a donné !* la réponse me dit le *maître*, donc *maître* est le sujet du verbe *m'a donné*, et ce verbe est au singulier et de la troisième personne, parce que *maître* est du singulier et que le nom marque la troisième personne. — Je parle, *qui est-ce qui parle ? je* ou *moi*, voilà le sujet ; et *parle* est du singulier et de la première personne, parce que le pronom *je* est du singulier et de la première personne.

*D.* Mais si le verbe se trouvait avoir deux sujets, que faudrait-il faire !

*R.* Quand un verbe a deux sujets du singulier, on met ce verbe au pluriel, parce que deux singulier valent un pluriel ; exemple : *mon frère et ma sœur lisent*, et quand les deux sujets sont de différentes personnes, on met le verbe à la plus noble personne. La première personne est plus noble que la seconde ; la seconde est plus noble que la troisième.

*Exemples :*

*Vous* et *moi* nous lisons,   } et non pas
*Vous* et *votre* frère vous lisez, } lisent.

La

·‑La politesse française veut qu'on nomme d'abord la personne à qui l'on parle ou celle dont on parle, et qu'on se nomme le dernier. — Ainsi, au lieu de dire *moi* et *vous*, dites *vous* et *moi*.

---

## CHAPITRE XIV.

### Du régime des Verbes.

*D.* Qu'appelez-vous *régime* des verbes ?

*R.* On entend par *régime* du verbe, le nom ou pronom mis ordinairement à la suite du verbe qui reçoit l'action exprimée par le verbe, ou le mot qui a rapport au verbe et qui en dépend.

*D.* Comment fait-on pour connaître le *régime* du verbe ?

*R.* On connaît le régime *direct* en faisant, avec le verbe, cette question *qui ?* pour les personnes, et *quoi ?* pour les choses, la réponse sera le régime direct.

*D.* Faites-moi mieux comprendre cela par un exemple ?

*R.* Reprenant l'exemple ci-dessus, si je dis : *le maître m'a donné un livre* et que je veuille connaître le régime du verbe, je fais cette question m'a donné *quoi*, la réponse me dit le *livre*, donc le *livre* est le régime du verbe donner. — *J'ai vu le Roi.*

7

— J'ai vu *qui*, le *Roi*, Roi est régime du verbe voir.

*D.* Il y a donc plusieurs sortes de régimes ?

*R.* Oui, on distingue le régime *direct* et le régime *indirect* ( ou relatif ) ; le régime indirect ou relatif, est le nom ou le pronom qui est séparé du verbe par *de* ou *à*. Par exemple : *aller à la campagne ; campagne* est le régime *indirect* ou *relatif* du verbe aller.

*D.* Comment connaît-on le régime *indirect ?*

*R.* On connaît le régime *indirect* à l'une des questions de *qui ?* de *quoi ?* à *qui ?* à *quoi ?*

*D.* Pourquoi appelle-t-on ce régime *indirect ?*

*R.* On l'appelle indirect, parce qu'il exprime une chose qui n'a qu'un rapport indirect avec l'action ou la signification du verbe.

*Nota.* Observez que le régime est placé tantôt après le verbe et tantôt avant, et que les verbes ont souvent d'autres verbes pour régime.

*D.* Est-il nécessaire de connaître le régime du verbe ?

*R.* Oui, il est important d'apprendre à distinguer sûrement les régimes. Premièrement, le régime sert à faire distinguer le verbe neutre du verbe actif, et voilà comment ; le verbe est *actif* quand il peut avoir un régime *direct*, et il est *neutre* quand il ne peut pas avoir de régime *direct*, ou du moins un régime *indirect*. Secondement, il est important de le distinguer, sur-tout quand il précède le verbe, parce que la règle des participes passifs en est absolument dépendante.

*D.* Que faut-il observer pour bien écrire un verbe ?

*R.* Il est d'abord essentiel pour bien écrire un verbe de connaître à *quelle conjugaison* il appartient, et ensuite s'assurer de *quel mode*, de *quel temps*, de *quel nombre* et de *quelle personne* il est. — Les commençans devront particulièrement s'arrêter aux avis suivans :

Le verbe doit toujours être du même nombre et de la même personne que son sujet.

Pour trouver facilement l'infinitif d'un verbe, il faut mettre avant le dernier mot celui-ci : *il faut.* Par exemple : si je veux connaître l'infinitif de j'*emprunte.* Je dis, *il faut* emprunter ; je vois que ce verbe finit en *er*, et qu'il est de la première conjugaison, on en peut faire de même à l'égard des autres.

Le nom devant un verbe veut ce verbe à la troisième personne du singulier ou du pluriel, suivant auquel des deux est le nom.

Les mots *de*, *pour*, *sans* et *à*, demandent le verbe qui les suit à l'infinitif, exceptés les verbes auxiliaires, quand ils sont joints à un autre.

Lorsque deux verbes ont rapport ensemble, le dernier se met à l'*infinitif*.

La *première* personne du singulier, ainsi que la *troisième*, dans les verbes de la *première* conjugaison, sont toujours terminées par un *e* muet, et la *deuxième* prend un *s*.

Lorsque la première personne d'un temps quelconque d'un verbe se termine par un *s*, la *deuxième* personne ne change pas et la *troisième* prend un *t*.

Presque toujours la deuxième personne du singulier prend un *s* dans tous les temps et dans tous les verbes.

La troisième prend un *t* ou un *d*, exceptés les temps où elle est terminée par un *a* ou un *e* muet.

La première personne du singulier du présent de l'indicatif des *deuxième*, *troisième* et *quatrième* conjugaisons prend un *s*.

Dans tous les verbes de la première conjugaison ( et quelques-uns de la seconde ) dont le présent de l'indicatif est terminé par un *e* muet ( à la première personne du singulier ); la deuxième personne de l'*impératif* ne prend pas d'*s* à la fin, à moins qu'elle ne soit immédiatement suivie, de *en* et de *y*, comme *donnes-en.*

*Nota.* Cette règle a des exceptions.

Dans tous les verbes de la *première* conjugaison, la dernière syllabe *rai* pour le futur, et *rais* pour le conditionnel, doit toujours être précédée de l'*e* muet.

Tous les verbes dont le participe présent finit par *iant* ou *yant*, exigent que l'on ajoute un *i* à la première et à la deuxième personne du pluriel, *savoir* : à l'imparfait de l'indicatif et au présent du subjonctif. — Exemple : nous *priions*, vous *priiez.*

Il ne faut pas confondre en écrivant le *futur de l'indicatif* avec le *présent conditionnel*, qui lui ressemble pour la prononciation.

Pour se tirer d'embarras il faut retourner la phrase ( dans la pensée ) et mettre son verbe à la troisième personne. Par exemple : si on dictait, *je voudrais être riche*, tournez cette phrase à la troisième personne vous aurez *il voudrait*, donc écrivez au conditionnel. Autre exemple : *j'attendrai que vous veniez*, tournez à la troisième personne, vous aurez *il attendra*, donc c'est au futur.

Quand on interroge, si le verbe ne se termine par un *t* on ajoute cette lettre entre deux traits d'union. Exemple : *où va-t-il ?*

BIBLIOTHÈQUE ROYALE

A la première personne du pluriel ( qui se distingue par le mot *nous* ) il faut un *s*, à moins que le mot *nous* soit régime du verbe qui est après lui.

A la seconde personne du pluriel ( qui se distingue par le mot *vous*) il faut un *z*, si l'on entend un *é* fermé et un *s* quand c'est un *e* muet, à moins que le mot *vous* soit régime du verbe.

Les troisièmes personnes du pluriel des verbes se terminent par *nt*.

L'*e* muet qui termine un temps quelconque se change en *e* fermé quand le pronom *je* est après. On dit et on écrit *marché-je* et non *marche-je*.

Si l'usage ne permet pas en pareil cas de mettre *je* après le verbe, il faudrait changer la phrase.

Ainsi, on ne dirait pas *dors-je* ni *ments-je*, mais on dirait *est-ce que je dors ? est-ce que je ments ?* etc.

On met toujours l'accent circonflexe sur la dernière voyelle de la troisième personne du singulier de l'imparfait du subjonctif. Exemple : qu'*il aimât*, pour différencer cette troisième personne de la troisième du parfait défini *il aima*.

Les première et deuxième personnes du pluriel au parfait défini prennent aussi cet accent sur la pénultième (ou avant dernière voyelle ).

C'est ici le cas de rappeler qu'il ne faut pas perdre de vue que le parfait défini dans les verbes de la première conjugaison, se termine par *ai* à la première personne, et que c'est une faute inexcusable d'écrire et de prononcer, je *chantas*, je *mangea*, je *demandas*, etc., dites je *chantai*, je *mangeai*, je *demandai*. L'imparfait du subjonctif est aussi l'écueil des personnes qui parlent sans principes. On entend dire souvent :

*Il fallait que j'eus, ou que j'allas, que je mangeas.*

Ou

*Il fallait qu'il eusse, qu'il allasse, qu'il mangeasse.*

Ou encore

*Il fallait que j'aie, que j'aille, que je mange.*

Il faut donc étudier avec soin les véritables inflexions de ce temps.

Dans la première conjugaison il ne faut confondre en écrivant ( à cause de la prononciation qui est la même ) l'*infinitif* et les *temps composés*. Exemple : il *est aimé*, il *faut aimer*.

Le premier varie et non le deuxième. — Il en est de même des infinitifs des première et deuxième conjugaisons qui se ressemblent avec les troisièmes personnes du

pluriel des parfaits définis ; *aimer Dieu ;*
*finir son devoir ;* ils *aimèrent Dieu*, ils
*finirent leurs devoirs.* — On a pour règle
que jamais l'infinitif n'a devant lui le pronom *ils.*

Toutes les fois qu'un verbe n'a pas près
de lui un pronom personnel, ou le relatif
*qui*, on est certain qu'il est à la troisième
personne.

### *Remarque.*

On remarquera en conjugant que les
temps des verbes ne se rapportent. pas
toujours à ceux des quatre conjugaisons.
Cette différence a donné lieu à la dé-
signation de verbe *régulier* et verbe *irré-*
*gulier.*

*D.* Qu'appelle-t-on *verbes réguliers !*

*R.* Les verbes *réguliers* sont ceux dont
les temps primitifs s'accordent avec les différentes terminaisons des temps primitifs
des quatre conjugaisons.

*D.* Qu'est-ce donc que les verbes irréguliers?

*R.* On appelle *irréguliers* les verbes qui
ne suivent pas en tout la règle générale des
quatre conjugaisons ; à plusieurs de ces
verbes il manque certains temps et certaines
personnes, alors on les appelle verbes *dé-*
*fectueux.*

# TEMPS PRIMITIFS

## Des Verbes irréguliers et défectueux.

| Présent de l'Infinitif. | Participe présent. | Participe passé passif. | Présent de l'Indicatif. | Parfait défini. |
|---|---|---|---|---|

### PREMIÈRE CONJUGAISON.

| | | | | |
|---|---|---|---|---|
| Aller. | Allant. | Allé. | Je vais. | J'allai. |

*Nota.* L'usage veut aujourd'hui que l'on dise *Puer*, *je pue* ; on écrivait auparavant *je pus*.

### DEUXIÈME CONJUGAISON.

| | | | | |
|---|---|---|---|---|
| Acquérir. | Acquérant. | Acquis. | J'acquiers. | J'acquis. |
| Courir. | Courant. | Couru. | Je cours. | Je courus. |
| Cueillir. | Cueillant. | Cueilli. | Je cueille. | Je cueillis. |
| Fuir. | Fuyant. | Fui. | Je fuis. | Je fuis. |
| Faillir. | . . . . . . | Failli. | . . . . . . | Je faillis. |
| Mourir. | Mourant. | Mort. | Je meurs. | Je mourus. |
| Revêtir. | Revêtant. | Revêtu. | Je revêts. | Je revêtis. |
| Saillir. | Saillant. | Sailli. | Il saille. | Il saillit. |
| Tressaillir. | Tressaillant. | Tressailli. | Je tressaille. | Je tressaillis. |
| Vêtir. | Vêtant. | Vêtu. | Je vêts. | Je vêtis. |

### TROISIÈME CONJUGAISON.

| | | | | |
|---|---|---|---|---|
| Choir. | . . . . . . | Chu. | . . . . . . | . . . . . . |
| Déchoir. | . . . . . . | Déchu. | Je déchois. | Je déchus. |
| Échoir. | Échéant. | Échu. | Il échet. | J'échus. |
| Falloir. | . . . . . . | Fallu. | Il faut. | Il fallut. |
| Mouvoir. | Mouvant. | Mu. | Je meus. | Je mus. |
| Pleuvoir. | Pleuvant. | Plu. | Il pleut. | Il plut. |
| Pouvoir. | Pouvant. | Pu. | Je puis. | Je pus. |
| Savoir. | Sachant. | Su. | Je sais. | Je sus. |
| S'asseoir. | S'asseyant. | Assis. | Je m'assieds | Je m'assis. |
| Surseoir. | . . . . . . | Sursis. | Je sursois. | Je sursis. |
| Valoir. | Valant. | Valu. | Je vaux. | Je valus. |
| Voir. | Voyant. | Vu. | Je vois. | Je vis. |
| Pourvoir. | Pourvoyant. | Pourvu. | Je pourvois. | Je pourvus. |
| Vouloir. | Voulant. | Voulu. | Je veux. | Je voulus. |

| Présent de l'Infinitif. | Participe présent. | Participe passé passif. | Présent de l'Indicatif. | Parfait défini. |
|---|---|---|---|---|
| | | | | |

## QUATRIÈME CONJUGAISON.

| Présent de l'Infinitif. | Participe présent. | Participe passé passif. | Présent de l'Indicatif. | Parfait défini. |
|---|---|---|---|---|
| Absoudre. | Absolvant. | Absous. | J'absous. | . . . . . . |
| Battre. | Battant. | Battu. | Je bats. | Je battis. |
| Boire. | Buvant. | Bu. | Je bois. | Je bus. |
| Braire. | . . . . . | . . . . . | Il brait. | . . . . . . |
| Bruire. | Bruyant. | . . . . . | . . . . . . | . . . . . . |
| Circoncire. | . . . . . . | Circoncis. | Je circoncis. | Je circoncis. |
| Clore. | . . . . . . | Clos. | Je clos. | . . . . . . |
| Conclure. | Concluant. | Conclu. | Je conclus. | Je conclus. |
| Confire. | . . . . . | Confit. | Je confis. | Je confis. |
| Coudre. | Cousant. | Cousu. | Je couds. | Je cousis. |
| Croire. | Croyant. | Cru. | Je crois. | Je crus. |
| Dire. | Disant. | Dit. | Je dis. | Je dis. |
| Écrire. | Écrivant. | Écrit. | J'écris. | J'écrivis. |
| Exclure. | Excluant. | Exclu. | J'exclus. | J'exclus. |
| Faire. | Faisant. | Fait. | Je fais. | Je fis. |
| Lire. | Lisant. | Lu. | Je lis. | Je lus. |
| Luire. | Luisant. | Lui. | Je luis. | . . . . . . |
| Maudire. | Maudissant. | Maudit. | Je maudis. | Je maudis. |
| Mettre. | Mettant. | Mis. | Je mets. | Je mis. |
| Moudre. | Moulant. | Moulu. | Je mouds. | Je moulus. |
| Naître. | Naissant. | Né. | Je nais. | Je naquis. |
| Nuire. | Nuisant. | Nui. | Je nuis. | Je nuisis. |
| Prendre. | Prenant. | Pris. | Je prends. | Je pris. |
| Rire. | Riant. | Ri. | Je ris. | Je ris. |
| Rompre. | Rompant. | Rompu. | Je romps. | Je rompis. |
| Résoudre. | Résolvant. | Résous, résolu *. | Je résous. | Je résolus. |
| Suffire. | Suffisant. | Suffi. | Je suffis. | Je suffis. |
| Suivre. | Suivant. | Suivi. | Je suis. | Je suivis. |
| Traire. | Trayant. | Trait. | Je trais. | . . . . . . |
| Vaincre. | Vainquant. | Vaincu. | Je vaincs. | Je vainquis. |
| Vivre. | Vivant. | Vécu. | Je vis. | Je vécus. |

Nous ne marquons pas les verbes *composés*; ils suivent la conjugaison de leurs *simples* · ainsi *Promettre*, *Admettre*, etc, se conjuguent comme le verbe simple *Mettre*. *Dire* et *Redire* font *vous dites*, *vous redites*. *Maudire* fait *vous maudissez*. Les autres composés de *Dire* sont réguliers.

---

* *J'ai* résolu *la question; Brouillard* résous *en pluie.*

# CHAPITRE XV.

## Des Participes.

*D.* Qu'est-ce que le participe ?

*R.* On appelle participe deux inflexions que les verbes reçoivent à l'infinitif ; l'une est ce qu'on nomme *participe du présent* et l'autre *participe du passé.*

*D.* Pourquoi appelle-t-on ce mot *participe* ?

*R.* Le *participe* est ainsi nommé parce qu'il tient de la nature du verbe et de l'adjectif.

*D.* Comment tient-il de la nature du verbe ?

*R.* Parce qu'il en a la signification et le régime. Exemple : en *faisant* son devoir, il a *fait* des fautes.

*D.* Comment tient-il de la nature du verbe ?

*R.* Parce qu'il peut qualifier une personne ou une chose. Exemple : un enfant *aimé ;* une fille *chérie.* Dans ce cas on le nomme *adjectif verbal.*

*D.* Qu'est-il nécessaire de connaître pour bien entendre les règles des participes ?

*R.* Il est nécessaire, pour bien entendre les règles sur les participes, de savoir dis-

tinguer les différentes sortes de verbes
( voyez pag. 136), et sur-tout savoir parfaitement ce que c'est qu'un *sujet*, un *régime direct* et un *régime indirect*.

### T I T R E  1.<sup>er</sup>

#### *Du Participe présent.*

*D.* Définissez le participe *présent ?*

*R.* Le participe *présent* est toujours terminé en *ant*, comme *aimant*, *finissant*,
*recevant*, *rendant*, ce mot est invariable,
c'est-à-dire qu'il ne prend ni genre ni nombre, quelque soit le nom auquel il se rapporte.

*Exemples :*

J'ai vu
{
cet homme *lisant*, *parlant*, *écrivant*.
cette femme ,      *idem.*
ces hommes ,      *idem.*
ces femmes ,      *idem.*

*D.* Cette règle est-elle générale?

*R.* Il faut remarquer que ce mot est employé quelquefois comme *verbe* et quelquefois comme *adjectif.*

*D.* Quelle est la règle à cet égard ?

*R.* Le participe présent, employé comme
*verbe*, a ordinairement un régime exprimé
ou sous-entendu, et alors il ne varie pas,
au lieu que quand il est employé comme
*adjectif verbal*, il marque simplement l'état

du sujet auquel il se rapporte, et alors il prend le genre et le nombre de ce nom.

*D.* Faites-moi connaître par des exemples la différence du *participe verbe* avec l'*adjectif verbal ?*

*R.* Exemple du *participe présent invariable :*

Cet homme est d'un bon caractère, *obligeant* tout le monde quand il peut ;

Cette femme est d'un bon caractère, *obligeant* tout le monde quand elle peut.

Dans ces exemples *obligeant* est invariable et *participe verbe*, parce qu'il marque une action et qu'il a un régime.

Exemple où le participe devient *adjectif verbal,*

C'est un homme *obligeant* ;

C'est une femme *obligeante.*

Ici obligeant est *adjectif*, parce qu'il marque la qualité de la personne ou l'état où elle se trouve.

*Nota.* Si un participe présent n'a point de régime direct, on reconnaît qu'il est *verbe* quand on peut tourner la phrase, en mettant un des mots, *comme*, *parce que*, *si*, etc.

### Exemples :

*Votre sœur ne dormant pas*, etc, je puis dire *comme votre sœur ne dort pas*, etc.

### Autre exemple :

On appelle *mare, une eau dormante.*

Ici je ne puis tourner la phrase, donc le participe dormant est *adjectif verbal*.

## Titre 2.

### Du Participe passé.

*D.* Définissez le participe *passé* ?

*R.* Le participe *passé* est cette partie de l'indicatif que l'on ajoute au verbe *avoir* et souvent au verbe *être*, pour former les temps composés des autres. Par exemple : *j'ai aimé*, *j'ai fini*, *j'ai reçu*, *j'ai rendu*, *je suis venu*, *il est sorti*, sont formés des participes passés des verbes *aimer*, *finir*, *recevoir*, *rendre*, *venir*, *sortir*; le participe passé n'a pas comme le participe présent une seule terminaison.

*D.* Le participe passé a-t-il différents accidents comme le participe présent ?

*R.* Oui, 1.º Le participe passé peut se trouver seul et sans verbe auxiliaire, comme une *armée vaincue*, un *Roi chéri*, etc. Dans ce cas c'est un *adjectif verbal*.

2.º Le participe peut se trouver accompagné du verbe *être*, comme *je suis aimé*, *il est parti*.

3.º Le participe peut se trouver accompagné du verbe *avoir*, comme *j'ai chanté*, *il a parlé*, etc.

4.º Le participe peut se trouver accompagné du verbe *être* que l'on emploie pour

le verbe *avoir*, comme *je me suis blessé*
qui veut dire *j'ai blessé moi*, etc.

*D.* Quelle règle exige le participe *passé?*

*R.* Le participe passé est tantôt *variable*
et tantôt *invariable*, c'est-à-dire que tantôt
il s'accorde en genre et en nombre comme
l'adjectif, et tantôt il ne s'accorde pas.

Observez bien que l'accord du participe
passé dépend de la manière dont il se présente dans la phrase, laquelle manière est
toujours semblable à une de celles exposées
ci-dessus.

### ARTICLE 1.<sup>er</sup>

*Participe passé considéré comme adjectif*
*verbal.*

*D.* Qu'est-ce que c'est que le participe
considéré comme *adjectif verbal?*

*R.* Un participe qui n'est accompagné ni
du verbe *être*, ni du verbe *avoir*, est un
adjectif verbal qui s'accorde comme l'adjectif en genre et en nombre, avec le nom
auquel il est joint, et son féminin se forme
comme celui de l'adjectif.

### *Exemple :*

Un prince d'une naissance incertaine,
*nourri* par une femme *prostituée*, *élevé*
par des bergers, et depuis *devenu* chef de
brigands, jeta les premiers fondemens de
la capitale du monde.

*Nourri, prostituée, élevé, devenu*, sont
ici des *adjectifs verbaux* qui s'accordent.

## ARTICLE 2.

*Participe accompagné du verbe* être.

*D.* Le participe accompagné du verbe
*être* s'accorde-t-il en genre et en nombre?

*R.* Un participe accompagné du verbe
*être* peut encore être considéré comme un
adjectif qui s'accorde en genre et en nombre avec son sujet, quelle que soit la place
du sujet.

*Nota.* ( Cette règle ne regarde que les verbes passifs et les verbes neutres. )

### Exemples :

| | |
|---|---|
| Mon frère est *aimé.* | Ma sœur est *aimée.* |
| Mes frères sont *aimés.* | Mes sœurs sont *aimées.* |
| Mon père est *venu.* | Ma mère est *venue.* |
| Mes frères sont *venus.* | Mes sœurs sont *venues.* |

## ARTICLE 3.

*Participe accompagné du verbe* avoir.

*D.* Quelle est la règle qui regarde le participe accompagné du verbe *avoir* ?

*R.* Le participe, accompagné du verbe
*avoir*, a trois circonstances :

 1.° Il peut se trouver sans régime direct.
 2.° Son régime direct peut être après lui.
 3.° Sont régime direct peut être avant lui.

Ces

Ces trois circonstances doivent être considérées avant de s'occuper de son accord.

*D.* Quelle est donc la règle à cet égard?

*R.* La voilà, d'abord il faut bien se rappeler que le participe passé construit avec le verbe *avoir* ne s'accorde jamais avec son sujet.

Le participe passé construit avec le verbe *avoir* s'accorde en genre et en nombre avec le régime direct, seulement lorsque ce régime est avant le participe, donc le participe sans régime direct ou ayant ce régime après lui, ne doit pas s'accorder.

*D.* Donnez-moi des exemples pour chacun des trois cas précédents?

*R.* Premier cas ( participe sans régime ) *invariable.* Les revenus de la République *ont monté* quelquefois jusqu'à la somme de . . . ., etc. — Mes frères *ont lu.*

Deuxième cas ( régime après le participe ) *invariable.* Le traître n'est plus, les Dieux en *ont délivré* la terre. — Mes frères *ont lu* la fable.

Troisième cas ( régime avant le participe ) *variable.* Le cruel riait des maux qu'il avait *faits.* — Voici la fable que mes frères *ont lue.*

Et ainsi de tous les autres verbes.

## ARTICLE 4.

*Participe accompagné du verbe* être *employé pour le verbe* avoir.

*D.* Vous avez dit, art. 2, que le participe combiné avec le verbe *être* devait s'accorder ; mais si le verbe *être* était employé pour *avoir*, le participe devrait-il s'accorder?

*R.* Dans la plupart des verbes réfléchis, le verbe *être* est employé pour *avoir* ; alors le participe ne s'accorde pas avec le sujet ( comme nous l'avons dit art. 2 ); mais il s'accorde avec le régime, si celui-ci est avant le participe. Cette règle est absolument la même que celle de l'article 3.

### *Exemples :*

Ma sœur s'est *coupée.*

Ma sœur s'est *coupé* le doigt.

Nous nous sommes *blessés.*

Nous nous sommes *donné* un rendez-vous.

☞ Le participe reste invariable quand il a pour régime le pronom *en.*

### *Exemple :*

Avez-vous reçu des nouvelles, j'en ai *reçu* et non *reçues.*

*Remarque sur le participe* fait.

Quand le participe *fait* est suivi d'un

verbe à l'infinitif ( soit actif ou neutre ),
il est toujours invariable. Ainsi, on dit en
parlant d'un homme ou d'une femme, je
l'ai *fait* venir, ou de plusieurs, je les ai
*fait* venir.

*Nota.* Observez que quand le verbe avoir et le
verbe réfléchi n'ont pas de régime direct il est inutile de faire la question.

Pour terminer ce qui regarde l'accord du
participe, nous disons qu'il faut bien se
rappeler que le participe verbe n'est variable que quand le régime direct est *formel-
lement* exprimé avant lui.

*Encore une question ( sur les participes )
souvent faite par les commençans.*

*Pourquoi* ( disent-ils ) le participe passé
passif doit-il s'accorder avec son régime , si
ce régime est *avant* ? et *pourquoi* ne doit-
il pas s'accorder, si ce régime est *après* ?
Par exemple : *pourquoi* écrire différemment
les mots *reçu* et *écrit* dans les deux phrases suivantes :

1.$^{re}$ *Avez-vous reçu la lettre que je vous
ai écrite ?*

2.$^{e}$ *Je vous ai écrit une lettre, l'avez-
vous reçue ?*

Dans l'un et l'autre cas n'est-ce pas toujours la lettre qui a été *écrite* et *reçue.*

*Réponse à la question ci-contre.*

Lorsque le régime précède ou est avant le participe, ce régime est déjà connu de celui qui parle et de celui à qui l'on parle; ainsi l'on peut, en écrivant et en énonçant le participe, faire accorder le participe avec ce régime; mais si le régime du participe n'est placé qu'après le participe, on est supposé ne point connaître ce régime quand on écrit ou qu'on énonce le participe, ainsi, dans ce cas on ne peut point faire accorder ce participe avec son régime qui est inconnu.

Pour faire mieux comprendre, revenons aux exemples.

1.er Exemple : *Avez-vous reçu la lettre que je vous ai écrite ?*

On peut me demander *reçu quoi ?* car ce peut être toute autre chose qu'une lettre. Je ne puis donc faire accorder le participe *reçu*, à l'instant où on me le nomme, avec un nom qui m'est inconnu et auquel je ne puis supposer un genre et un nombre. Poursuivons, avez-vous reçu la *lettre* que je vous ai *écrite ?* Ici on ne peut me demander *quoi ?* l'objet *écrit* est déjà connu, avant qu'on ait prononcé le mot *écrit*, on en connaît le genre et le nombre, donc on peut et on doit dans cet exemple, en écrivant et en énonçant le participe *écrit*, le faire accorder avec son régime *lettre* placé avant lui.

2.ᵉ Exemple. *Je vous ai écrit une lettre, l'avez-vous reçue ?*

· Ici on peut me dire écrit *quoi ?* est-ce un billet ou une lettre ? dans cette incertitude je ne puis faire accorder le participe *écrit.* Poursuivons, je vous ai écrit une *lettre*, l'avez-vous *reçue ?* reçu *quoi ?* l'objet *reçu* est déjà connu, on en connaît le genre et le nombre, donc on peut et on doit, dans cet exemple, en écrivant et en énonçant le participe *reçu*, le faire accorder avec son régime *lettre* exprimé par le relatif *la* placé avant lui.

Tels sont les motifs de la différence qui doit exister entre le participe passé passif *précédé*, et le participe passé passif *suivi* de son régime direct.

---

# CHAPITRE XVI.
## *Des invariables.*

*D.* De quels mots nous reste-t-il à parler !

*R.* Il nous reste encore à parler de l'*adverbe*, de la *préposition*, de la *conjonction* et de l'*interjection.*

*D.* A quel rang placez-vous ces différens mots !

*R.* Je les place au rang des *invariables.*

*D.* Qu'appelez-vous invariables ?

*R.* Les *invariables*, d'après l'expression, sont des mots qui n'éprouvent aucuns chan-changemens, c'est-à-dire qu'ils n'admettent ni les accidens du genre et du nombre, comme le *substantif* et l'*adjectif*, le *pronom* et le *participe*, ni la diversité des inflexions, comme le *verbe*, tandis qu'autour d'eux les mots se plient à des formes différentes ; les invariables restent toujours les mêmes, tels sont les mots *quoi*, *et*, *dans*, *pour*, *déjà*, dans les vers suivans :

> *Quoi* tu prétends penser, et ta folle sagesse,
> *Dans* un lâche repos s'avilit *et* s'endort !
> L'homme est né *pour* agir, ramper *dans* la paresse,
> C'est être *déjà* mort.
>
> M. Thomas.

*Nota.* Nous avons fait connaître dans la préface le motif qui nous a engagé à ne considérer, dans cet abrégé, que six parties du discours. Nous avons donné dans le chapitre II une explication suffisante des dix espèces de mots qui composent le discours. Nous invitons cependant à apprendre à connaître la préposition, car c'est par elle que l'on connaît le régime indirect. La préposition elle-même se distingue par son régime, qui est le mot qui répond à l'une des questions *qui* ou *quoi* faite avec la préposition.

Nous avons dit que la préposition sert à marquer les différents rapports que les choses ont entr'elles, tels sont *a*, *de*, *pour*, *sans*, *par*, *après*, *hors*, *vers*, *dans*, *depuis*, *devant*, *entre*, *sous*, *sur*, *dès*, *excepté*, *environ*, *suivant*, *près de*, *loin de*, etc.

## Manière d'analyser.

Analyser le discours c'est rendre compte de tous les mots qui composent une phrase, en marquant, 1.° à quelle partie du discours appartient chaque mot, 2.° avec quel autre mot il s'accorde ou bien de quel autre mot il est sujet ou régime, et rendre raison de tout cela, d'après les règles de la grammaire, en s'y prenant comme il suit : d'abord la première chose à observer, c'est de s'assurer si le mot est un nom, un pronom, un adjectif, un article, un verbe, un participe ou un invariable.

Si c'est un *nom*, j'explique s'il est *masculin*, *féminin*, *singulier* ou *pluriel*, je dis de quel verbe il est régime.

*On sait que le nom commun est celui devant lequel on peut mettre le, la, les, un, une.*

Si c'est un *article* je regarde s'il est *masculin*, *féminin*, *singulier* ou *pluriel*.

*Les articles sont le, la, les, un ou une.*
Au, aux, du, des, de *et* à sont des prépositions.

Si c'est un *adjectif*, il faut savoir à quoi il se rapporte, et dire adjectif de tel genre, de tel nombre, parce qu'il se rapporte à etc.

*On connaît qu'un mot est adjectif quand on peut y joindre le mot personne ou chose.*

Si c'est un *pronom*, je regarde de quelle espèce

*Rappelez-vous que les articles le, la, les, de-*

il est, c'est-à-dire *personnel*, *possessif*, *démonstratif*, je dis à quoi il se rapporte, si c'est un personnel, je dis de quelle personne il est.

Si c'est un *verbe* je considère, 1.º quel est son nominatif ou sujet, et je dis : *verbe de telle conjugaison* à tel *temps*, de tel *nombre* et de telle *personne*, parce qu'il obéit ( à tel mot son sujet ) ou nominatif ; 2.º quel est son régime, car si le régime est après le verbe, le verbe ne varie pas, et si le régime est avant, le verbe devient adjectif à moins que ce ne soit un temps simple, un verbe impersonnel ou le verbe être.

Si c'est un *participe*, je regarde s'il est simple ou composé et à quoi il se rapporte.

Enfin, savoir si c'est un *invariable*. Il est nécessaire de distinguer la préposition, car elle a toujours un régime.

*viennent pronom personnel quand ils tiennent la place d'un nom, ce qui a lieu quand ils sont suivis d'un verbe, ou qu'ils sont après le verbe et non suivis d'un nom.*

*J'ai vu que chaque phrase à un sujet, un verbe et un régime. Le sujet d'un verbe est le mot qui est ou qui fait l'action marquée par le verbe. On le trouve en mettant après le verbe cette question, qui est-ce qui ? La réponse sera le sujet ; le régime du verbe est le mot qui reçoit l'action faite par le verbe. On le trouve en mettant après le verbe cette question qui ou quoi ! La réponse sera le régime, je regarde si le régime est direct ou indirect, pag. 98.*

*Le participe simple est le participe présent terminé en ant. Le participe composé est le participe passé passif.*

*On appelle invariable les mots qui n'ont ni genre ni nombre. On connaît la préposition, parce qu'on peut mettre après elle un de ces mots* qui ou quoi, *alors la réponse sera le régime de la préposition.*

## *Exemple d'une phrase analysée.*

*Pierre demande son petit livre.*

*Pierre*, nom propre d'homme, sujet du verbe demander.

*Demande*, verbe de la première conjugaison au présent de l'indicatif à la troisième personne du singulier.

*Son*, pronom possessif, masculin, singulier qui se rapporte à livre.

*Petit*, adjectif masculin singulier qui se rapporte à livre.

*Livre*, substantif masculin singulier, régime du verbe demander.

## *De la Ponctuation.*

La ponctuation est l'art de séparer par des signes les endroits d'un discours où l'on doit s'arrêter plus ou moins long-temps.

Ces signes, au nombre de six, sont : la *virgule* (,), le *point et virgule* (;), les *deux points* (:), le *point* (.), le *point d'interrogation* (?), le *point d'admiration* ou *d'exclamation* (!).

### I.

La virgule sert, 1.º à séparer des noms,

des adjectifs ou des verbes. Comme : *la candeur, la docilité, la simplicité, sont les vertus de l'enfance.*

2.º A distinguer les différentes parties d'une phrase. Comme : *l'étude rend savant, et la réflexion rend sage.*

## I I.

Le point avec la virgule se met entre deux phrases dont l'une dépend de l'autre. Comme : *la douceur est, à la vérité, une vertu ; mais elle ne doit pas dégénérer en faiblesse.*

## I I I.

Les deux points diffèrent peu du point, il se mettent après une phrase finie , mais suivie d'une autre qui sert à l'étendre ou à l'éclaircir. Comme : *il ne faut jamais se moquer des misérables : car qui peut s'assurer d'être toujours heureux ?*

## I V.

Le point se met à la fin des phrases, quand le sens est entièrement fini. Comme : *le mensonge est le plus bas de tous les vices.*

## V.

Le point d'interrogation se met à la fin des phrases qui expriment une interrogation. Comme : *quoi de plus beau que la vertu ?*

## V I.

Les points d'admiration et d'exclamation se placent après les phrases qui expriment ces deux mouvemens de l'ame, comme :

*Qu'il est doux de vivre dans la justice !*
*Hélas ! combien il y a de malheureux !*

### En un mot.

Le sens de la phrase est-il un peu suspendu, mettez une virgule ( , ); l'est-il un peu plus, mettez le point et virgule ( ; ); la suspension a-t-elle encore un degré, mettez deux points ( : ); enfin, le sens est-il complet; mettez un point ( . ), telle est la règle générale de la ponctuation.

---

## CHAPITRE XVII.

### Remarques diverses.

~~~~~~

### TITRE I.er

### Du genre des lettres.

| Masculin. | Féminin. |
|---|---|
| A. | |
| B. ( Bé ou be. ) | |
| C. ( Cé ou ce. ) | |
| D. ( Dé ou de. ) | |
| E. | |
| F. Si on prononce *fe,* | F. Si on prononce *effe.* |

| Masculin. | Féminin. |
|---|---|
| G. ( Gé ou gue. ) | |
| H. Si on prononce *he.* | H. Si on prononce *hach.* |
| I. | |
| J. ( Je ou ji. ) | |
| K. ( Ke ou ka. ) | |
| L. Si on prononce *le.* | L. Si on prononce *elle.* |
| M. Si on prononce *me.* | M. Si on prononce *em.* |
| N. Si on prononce *ne.* | N. Si on prononce *enn.* |
| O. | |
| P. ( Pé ou pe. ) | |
| Q. ( Cu ou que. ) | |
| R. Si on prononce *re.* | R. Si on prononce *erre.* |
| S. Si on prononce *se.* | S. Si on prononce *esse.* |
| T. ( Té ou te. ) | |
| U. | |
| V. ( Vé ou ve. ) | |
| X. ( Ics ou ksc. ) | |
| Y. ( Grec ou ye. ) | |
| Z. ( Zède ou ze. ) | |

## TITRE 2.

*Quelques homonymes ou mots qui ont le même son et qui s'écrivent différemment.*

| | |
|---|---|
| *Air*, un air de flûte. | *Auteur*, qui fait un livre. |
| *Aire* de la grange, | *Hauteur*, monticule. |
| *Ère*, une époque. | |
| *Il erre*, verbe. | *Balai* de jonc. |
| | *Ballet*, danse. |
| *Amande*, fruit. | |
| *Amende* à payer. | *Car*, si je voulais. |
| | *Quart*, quatrième partie. |
| *Ancre* de vaisseau. | *Cartier*, qui fait des cartes |
| *Encre* pour écrire. | *Quartier* de la ville. |
| *Autel* où se dit la messe. | *Ceint*, qui a une ceinture. |
| *Hôtel* ou auberge. | *Cinq* francs. |

*Saint* Louis.
*Sain*, qui se porte bien.
*Sein*, partie du corps.
*Seing*, signature.

*Cent* francs.
*Sang* des veines.
*Sans* argent on a rien.
*Sens*, il a du bon sens.
*C'en* est fait.
*S'en* ira-t-il.

*Terre*, sur mes terres.
*Taire*, verbe.

*Chair* des animaux.
*Chaire* où l'on prêche.
*Cher*, qui n'est pas bon marché.
*Chère*, bon vin bonne chère.

*Champ* de blé.
*Chant*, en chanson.
*Chaux* pour bâtir.
*Chaud*, qui n'est pas froid.

*Cœur*, partie du corps.
*Chœur* de l'église.

*Comptant*, de l'argent.
*Contant*, disant un conte.
*Content* ou joyeux.
*Compte.* r d'un marchand
*Conte.* r pour rire.
*Comte*, M. le comte.

*Descends* de la haut.
*Décent*, honnête.

*Étant*, participe d'être.
*Étang* où l'on met le poisson.
*Étends* donc ton bras.

*Guères*, pas beaucoup.
*Guerre*, contre l'Angle-terre.

*Fois*, deux ou trois fois.
*Foi*, de bonne foi.
*Foie* de cochon.

*Laid*, qui n'est pas beau.
*Lait*, de chèvre.
*Les*, articles.
*Laie*, femelle du sanglier.
*L'ait*, qu'il l'ait.
*L'es*-tu.

*Haute*, qui n'est pas basse.
*Ote*, ce livre.
*Hôte*, celui qui loge un étranger.

*Lieu*, en cet endroit.
*Lieue*, de poste.

*Mais*, je veux que.
*Mes* livres.
*Mai* et juin.
*Mets*, un plat.
*M'est*, ç'a m'est égal.
*Maire* de la ville.
*Mère*, ma mère.
*Mer*, la mer rouge.
*Grammaire* française.

*Maître* de la maison.
*Mettre*, verbe.

*Père*, mon père.
*Paire* de bottes.

*Peu*, pas beaucoup.
*Peut*, il peut faire.

*Quand* viendra-t-il.
*Quant* à moi.

*Camp* des ennemis.
*Ni* toi ni moi.
*Je n'y* vais pas.
*Sel* pour la cuisine.
*Selle* de cheval.
*Celle*, pronom démonstr.
*Sale*, mal-propre.
*Salle* à manger.
*Pain* blanc.
*Pin*, arbre.
*Peint*, il peint bien.
*Ton*, pronom, *ton* de musique.

*Thon*, poisson.
*Tond*, du verbe tondre.
*Vingt* sous.
*Vin* de Champagne.
*Vint*, il vint de suite.
*Vain*, orgueilleux.
*Vainc*, du verbe vaincre.
*Trait*, un beau trait.
*Très*-bien.
*Crois*-moi.
*Croix* signe de croix.
Et quelques autres que l'usage apprendra.

~~~~~~~~~~

## T I T R E  3.

*Quelques homographes ou mots qui s'écrivent de même, et qui ont un sens et un genre différents.*

Un *aide*, qui secourt, qui aide quelqu'un.
Une *aide*, assistance que l'on donne.
Un *exemple* de vertu.
Une *exemple* d'écriture.
Un *garde*, un soldat.
Une *garde*, plusieurs hommes armés.
Un *livre* d'histoire.
Une *livre* de papier.
Un *manche* de couteau.
Une *manche* d'habit.
Un *mémoire* d'un marchand.
Une *mémoire* heureuse.
Un *palais* de prince.
Le *palais* de la bouche.

Un *poéle* bien chaud.
Une *poéle* à frire.

*Sûr*, certain.
*Sur* la table.

Un *voile* d'une femme.
Une *voile* de vaisseau.

Et quelques autres que l'usage apprendra.

~~~~~~~~~~~~~~

## TITRE 4.

*Quelques noms qui ont un s au singulier comme au pluriel.*

Abatis.
Abcès.
Abus.
Accès.
Amas.
Appas.
Avis.
Bois.
Bourgeois.
Bras.
Cadenas.
Compas.
Cours de droit.
Débris.
Décès.
Discours.
Le dos.
Embarras.
Encens.
Excès.
Fils.
Une fois.
Héros.

Galetas.
Matelas.
Un mets.
Le mois.
Mors de cheval.
Un os.
Palais.
Pays.
Poids pour peser.
Pois, légumes.
Printemps.
Propos.
Refus.
Remords.
Repas.
Secours.
Sens.
Temps.
Trépas.
Univers.
Et quelques autres que l'usage apprendra.

## TITRE 5.

### *Orthographe des noms composés.*

La formation du pluriel dans les noms composés ne suit pas une règle uniforme.

Voici les règles les plus généralement suivies.

1.º Quand un nom est composé de deux substantifs , ils prennent tous deux la marque du pluriel.

*Exemple :*

Un *chef-lieu*, des *chefs-lieux*, etc.

2.º Si les substantifs sont unis par une préposition, on ne met la marque du pluriel qu'au premier des deux.

*Exemples :*

Un *arc-en-ciel*, des *arcs-en-ciel*.
Un *chef-d'œuvre*, des *chefs-d'œuvre*.
Un *bout d'aile*, des *bouts d'aile*, etc.

3.º Quand un nom est composé d'un substantif et d'un adjectif, l'un et l'autre prennent la marque du pluriel.

*Exemples :*

Une *belle-mère*, des *belles-mères*.
Un *bout-rimé*, des *bouts-rimés*, etc.

4.º Si le nom est composé d'un substantif

tif joint à *un verbe* ou à *une préposition*,
le substantif, seul, prend la marque du
pluriel.

*Exemples :*

Un *cure-dent*, des *cure-dents.*
Un *passe-port*, des *passe-ports.*
Une *contre-danse*, des *contre-danses.*
Un *avant-coureur*, des *avant-coureurs.*

Il serait peut-être mieux de donner au nom
le nombre que le sens indique, sans considérer le nombre du mot total, et sans faire
attention s'il est au singulier et au pluriel.
Par exemple : un *arc-en-ciel* signifie un *arc
dans le ciel.* Ainsi on écrira au pluriel des
*arcs-en-ciel* et non pas *ciels* ni *cieux.*

Un *abat-jour* signifie des *bois qui abat-
tent le jour.* Ainsi j'écrirai sans *s* des *abat-
jour*; car en ce sens le jour n'a pas de
pluriel.

Un *bec-figues* avec un *s* au singulier; car
c'est comme s'il y avait un *oiseau qui be-
quette les figues*, au pluriel des *bec-figues*,
etc. etc.

*Nota.* On ne prononce pas l's dans des *arcs-èn-
ciel*, des *coqs-à-l'âne* ( discours sans suite ). 3
Le *t* dans un *chat-huant*, etc.

9

## TITRE 6.

*Sur une difficulté de l'emploi des verbes auxiliaires* être *ou* avoir.

On est souvent embarassé de savoir quand il faut employer le verbe *être* ou le verbe *avoir*. Par exemple, doit-on dire :

*La procession a passé ou est passé.*

Voici la règle. — Le participe doit ordinairement se construire avec le verbe *avoir*, quand il est suivi de son régime ou plutôt lorsque ce participe exprime une *action*. Au contraire, le participe doit se construire avec le verbe *être*, toutes les fois qu'il exprime un état. Ainsi on doit dire : *la procession a passé.*

*Il a monté à cheval.*
*Il a descendu l'escalier.*

Dans ces phrases le participe est suivi de son régime, et d'ailleurs il exprime une *action*.

On doit dire : *Il est monté, il est sorti*, si on ne veut exprimer que l'état où est la personne.

Il faut donc considérer, avant d'écrire ou de parler, si on veut exprimer une *action* de la personne ou l'état où elle se trouve, c'est d'après ce principe qu'on doit dire : *il est sorti*, en parlant de quelqu'un qui n'est pas chez lui ; *il a sorti*, en parlant de quelqu'un qui est rentré.

~~~~~~~~~~

### *Emploi des temps du subjonctif.*

L'emploi de ces temps offre encore une grande difficulté aux commençants. Les temps du subjonctif n'ont point de sens déterminé, si l'on supprime les mots dont ils sont précédés ; en effet, que j'*aimasse*, que je *finisse*, ne signifient rien si l'on supprime les mots dont ils sont précédés. Ces temps du subjonctif sont ordinairement précédés d'autres verbes qui alors déterminent leur sens, et c'est le temps auquel est mis ce premier verbe qui détermine le temps auquel doit être mis le verbe au subjonctif.

La règle est donc que si le premier verbe est au présent ou au futur, de quelque mode que ce soit, le second verbe sera au présent du subjonctif. Si le premier verbe est à l'un des parfaits, imparfaits et plus-que-parfaits, ou présent conditionnel ; le second doit être à l'imparfait du subjonctif.

Pour ne pas se tromper à cet égard, les commençants peuvent se servir de la méthode qui a été donnée, page 101, relativement au conditionnel, et mettre le verbe à la troisième personne.

### *Remarques essentielles.*

Le mot *que* marque le subjonctif.

1.º Quand il marque, *un ordre*, *un consentement.*

2.º Quand il a la signification de *afin que, jusqu'à ce que, à moins que, sans que, de ce que, soit que, avant que, dès que* et *si.*

3.º *Qui, que, dont, où,* marque le subjonctif quand l'idée tient du doute, du souhait ou de l'avenir.

L'usage seul peut nous faire connaître quand on doit mettre ou non le verbe au subjonctif.

~~~~~~~~~~~

### T I T R E 8.

### *Signification des principaux temps des verbes.*

Nous avons vu qu'il y a dans les verbes trois temps principaux, le *présent*, le *passé* et le *futur.* Chacun de ces temps donne naissance à plusieurs autres, dont nous allons voir le sens et l'usage dans les quatre modes.

### I. *Indicatif.*

1.º Le présent marque que la chose est ou se fait actuellement : *Je parle, vous entendez.* Le présent se met quelquefois pour le futur, quand on parle d'une chose qui se fera prochainement: *Je pars ce soir, je reviens demain.*

2.º L'imparfait ( *je sortais* ) marque qu'une chose était ou se faisait en même temps qu'une autre, dans un temps passé : *Je sortais, quand vous êtes arrivé.*

3.º Le parfait défini ( *je reçus* ) marque une chose faite dans un temps entièrement écoulé, et éloigné d'un jour au moins de de celui où l'on parle : *Je reçus votre lettre hier, le mois dernier, l'année passée,* etc.

4.º Le parfait indéfini ( *j'ai eu* ) marque une chose faite dans un temps dont il peut rester encore quelque partie à s'écouler : *J'ai eu la fièvre aujourd'hui, hier, l'année passée,* etc.

5.º Les deux parfaits antérieurs marquent une chose passée avant une autre qui est aussi passée. Ils diffèrent en ce que le parfait antérieur défini ( *j'eus dîné* ) s'emploie avec le parfait défini, au lieu que le parfait antérieur indéfini ( *j'ai eu dîné*) s'emploie avec le parfait indéfini. Parfaits définis; *Quand j'eus dîné, j'allai me promener,* Parfaits indéfinis : *Quand j'ai eu dîné, je suis allé me promener,*

6.º Le plus-que-parfait ( *j'avais fini* ), et le plus-que-parfait antérieur ( *j'avais eu fini* ), marquent qu'une chose était-déjà faite, quand une autre s'est faite. *J'avais fini, lorsque vous êtes arrivé* ou *lorsque vous arrivâtes...* Si *j'avais eu fini plutôt je ne vous aurais pas fait attendre.*

7.º Le futur ( *j'aimerai* ) marque qu'une chose sera ou se fera : *Quand j'aimerai mes devoirs , je serai heureux.*

8.º Le futur passé ( *j'aurai fini* ) marque une chose qui ne se fait pas encore, mais qui sera faite avant une autre. *Quand j'aurai fini ; je partirai. J'aurai fini* marque un temps tout à la fois *futur* et *passé ; futur* par rapport au temps où je parle ; *passé*, par rapport au temps où je partirai, puisque *je ne partirai* qu'après que *j'aurai fini.*

9.º Le présent conditionnel ( *je me corrigerais* ) marque qu'une chose serait ou se ferait à présent ou dans l'avenir, moyennant une condition : *Si je le voulais fortement , je me corrigerais. Si je le voulais,* voilà la condition ; *je me corrigerais,* voilà la chose qui se ferait.

10.º Le parfait conditionnel ( *j'aurais fait* ou *j'eusse fait* ), et le parfait antérieur conditionnel ( *j'aurai eu fini* ou *j'eusse eu fini* ) marquent qu'une chose aurait été faite, moyennant une condition : *Si j'avais* été plus laborieux, j'aurais fait ou j'eusse fait plus de progrès. J'aurais eu fini ou j'eusse eu fini avant vous, si je n'avais été interrompu.

L'usage de quelques-uns des temps anté-rieurs est assez rare; il faut pourtant savoir les reconnaître, quand il se rencontrent.

## II. *Impératif.*

1.° Le présent ou futur : *Partez main-tenant, et revenez demain.*

2.° Le parfait ( *ayez fini* ) marque une chose passée, par rapport au verbe qui pré-cède ou qui suit : *Ayez fini quand je re-viendrai.*

## III. *Subjonctif.*

1.° Le présent ou futur ( *que je parte* ): *Il faut que je parte actuellement* ou *demain.*

2.° L'imparfait ( *que je partisse* ) mar-que de même un présent ou un futur, par rapport au verbe qui précède : *Il faudrait que je partisse actuellement* ou *demain.*

3.° Le parfait ( *que j'aie fini* ), et le plus-que-parfait ( *que j'eusse fini* ), mar-quent une chose passée, par rapport au verbe qui précède ou qui suit : *Il faut que j'aye fini quand vous viendrez. Il aurait fallu que j'eusse fini quand vous êtes arrivé.*

## IV. *Infinitif.*

1.° Le présent ( *venir* ) marque un présent par rapport au verbe qui précède, et par conséquent il peut désigner tous les temps. *Je le vois venir; je l'ai vu partir; je le verrai arriver.*

- 2.º Le parfait ( *avoir travaillé* ) marque un passé, par rapport au verbe qui précède : *Vous paraissez avoir travaillé.*

3.º Le futur ( *devoir réussir* ) marque un futur, par rapport au verbe qui précède : *Vous paraissez devoir réussir.*

Telle est la signification la plus ordinaire des différens temps : plusieurs d'entr'eux ont encore d'autre sens, que l'usage et la réflexion feront apercevoir.

## TITRE 9.

### *Des différentes sortes de verbe.*

#### 1.º *Du verbe actif.*

On appelle verbe *actif* celui qui marque une action faite par le sujet et qui a un régime direct. On connaît le verbe actif, parce qu'on peut mettre après lui un des mots *quelqu'un* ou *quelque chose*

#### 2.º *Du verbe passif.*

On appelle verbe *passif* celui qui se forme de l'actif, en prenant son régime direct pour en faire le sujet du verbe passif, et en ajoutant après le verbe le mot *par* ou *de*.

### Différence.

Actif. — *J'aime mon père.*
Passif. — *Mon père est aimé de moi.*

Par où l'on voit que le verbe passif est formé du verbe auxiliaire *être* joint à un participe passé passif d'un verbe actif. Il suit toujours la conjugaison du verbe *être*.

*Être aimé* est un verbe passif, parce qu'on peut dire *être aimé par quelqu'un.*

Rigoureusement parlant, il n'y a point de verbe passif dans la langue française; car ce n'est autre chose que le participe passé passif du verbe actif accompagné du verbe *être.*

### 3.° Du verbe neutre.

On appelle verbe neutre celui qui ne marque pas d'action, et qui n'a point de régime direct. On en fait la différence parce qu'on ne peut pas mettre après lui un des mots *quelqu'un* ou *quelque chose*, tels sont : *Dormir, languir, venir, arriver*, etc.

La plupart des verbes neutres se conjuguent, comme les verbes actifs, avec l'auxiliaire *avoir* ; mais il y en a beaucoup qui se conjuguent avec les temps simples du verbe *être*, ainsi que le suivant,

*Conjugaison des verbes neutres qui pren-*
*nent l'auxiliaire* Être.

# INDICATIF.

### PRÉSENT.

Je tombe.
Tu tombes.
Il tombe.
Nous tombons.
Vous tombez.
Ils tombent.

### IMPARFAIT.

Je tombais.
Tu tombais.
Il tombait.
Nous tombions.
Vous tombiez.
Ils tombaient.

### PARFAIT DÉFINI.

Je tombai.
Tu tombas.
Il tomba.
Nous tombâmes.
Vous tombâtes.
Ils tombèrent.

### PARFAIT INDÉFINI.

Je suis tombé *ou* tombée.
Tu es tombé *ou* tombée.
Il est tombé *ou* elle est
  tombée.
Nous sommes tombés *ou*
  tombées.

Vous êtes tombés *ou* tombées.
Ils sont tombés *ou* elles
  sont tombées.

### PARFAIT ANTÉRIEUR.

Je fus tombé *ou* tombée.
Tu fus tombé *ou* tombée.
Il fut tombé *ou* elle fut
  tombée.
Nous fûmes tombés *ou*
  tombées.
Vous fûtes tombés *ou* tom-
  bées.
Ils furent tombés *ou* elles
  furent tombées.

### PLUS - QUE - PARFAIT.

J'étais tombé *ou* tombée.
Tu étais tombé *ou* tombée.
Il était tombé *ou* elle était
  tombée.
Nous étions tombés *ou*
  tombées.
Vous étiez tombés *ou* tom-
  bées.
Ils étaient tombés *ou* elles
  étaient tombées.

### FUTUR.

Je tomberai.
Tu tomberas.

Il tombera.
Nous tomberons.
Vous tomberez.
Ils tomberont.

### FUTUR PASSÉ.

Je serai tombé *ou* tombée.
Tu seras tombé *ou* tombée.
Il sera tombé *ou* elle sera tombée.
Nous serons tombés *ou* tombées.
Vous serez tombés *ou* tombées.
Il seront tombés *ou* elles seront tombées.

### PRÉSENT CONDITIONNEL.

Je tomberais.

Tu tomberais.
Il tomberait.
Nous tomberions.
Vous tomberiez.
Ils tomberaient.

### PARFAIT CONDITIONNEL.

Je serais tombé *ou* tombée.
Tu serais tombé *ou* tombée.
Il serait tombé *ou* elle serait tombée.
Nous serions tombés *ou* tombées.
Vous seriez tombés *ou* tombées.
Ils seraient tombés *ou* elles seraient tombées. (1)

# IMPÉRATIF.

## PRÉSENT ou FUTUR.

Point de première per-
   sonne,
Tombe.
Qu'il tombe.

Tombons.
Tombez.
Qu'ils tombent.

# SUBJONCTIF.

## PRÉSENT ou FUTUR.

Que je tombe.
Que tu tombes.

Qu'il tombe.
Que nous tombions.
Que vous tombiez.
Qu'ils tombent.

---

(1) *On dit aussi :* Je fusse tombé *ou* tombée , tu fusses tombé *ou* tombée , il fût tombé *ou* tombée ; nous fussions tombés *ou* tombées , vous fussiez tombés *ou* tombées , ils fussent tombés *ou* elles fussent tombées.

#### IMPARFAIT.

Que je tombasse.
Que tu tombasses.
Qu'il tombât.
Que nous tombassions.
Que vous tombassiez.
Qu'ils tombassent.

#### PARFAIT.

Que je sois tombé *ou* tombée.
Que tu sois tombé *ou* tombée.
Qu'il soit tombé *ou* qu'elle soit tombée.
Que nous soyons tombés *ou* tombées.

Que vous soyez tombés *ou* tombées.
Qu'ils soient tombés *ou* qu'elles soient tombées.

#### PLUS - QUE - PARFAIT.

Que je fusse tombé *ou* tombée.
Que tu fusses tombé *ou* tombée.
Qu'il fût tombée *ou* qu'elle fût tombée.
Que nous fussions tombés *ou* tombées.
Que vous fussiez tombés *ou* tombées.
Qu'ils fussent tombés *ou* qu'elles fussent tombées.

## INFINITIF.

#### PRÉSENT.

Tomber.

#### PARFAIT.

Être tombé *ou* tombée.

#### FUTUR.

Devoir tomber.

#### FUTUR PASSÉ.

Avoir dû tomber.

#### PARTICIPE PRÉSENT.

Tombant.

#### PARTICIPE PASSÉ.

Tombé, tombée ; étant tombé.

#### PARTICIPE FUTUR.

Devant tomber.

Conjuguez de même les verbes *aller, arriver, déchoir, décéder, entrer, sortir, mourir, naître, partir, rester, descendre, monter, passer, venir* et ses composés de-

*venir*, *survenir*, *parvenir*, *revenir*, etc. etc.

*Remarque*. Parmi les verbes neutres qui prennent l'auxiliaire *être*, il y en a qui peuvent devenir actifs, et qui prennent alors l'auxiliaire *avoir* et un régime direct. Dans cet exemple : *Êtes-vous descendu ?* le verbe est neutre. Dans cet autre exemple : *Avez-vous descendu mon livre ?* le verbe est devenu actif; il a pris l'auxiliaire *avoir* et un régime direct.

~~~~~~~~~~~~~~~~

### *Des verbes réfléchis et réciproques.*

On appelle verbe *réfléchi* celui dont le sujet et le régime sont la même personne *ou* la même chose : comme, *je me divertis*, *tu te flattes*, *il se blesse*, etc. Il se conjugue dans tous ses temps avec deux pronoms de la même personne : comme, *je m'applique*, *il se promène*.

On appelle verbes *réciproques* ceux qui ont plusieurs sujets, lesquels font l'un sur l'autre la chose marquée par le verbe. Quand on dit : *Pierre et Jean se battent*; ont fait entendre que *Pierre bat Jean*, et que *Jean bat Pierre. Les méchans se trompent mutuellement*; c'est-à-dire que des méchans *trompent* d'autres méchans, et en *sont trompés* réciproquement.

Les verbes *réfléchis* et *réciproques* se

conjuguent comme le verbe neutre *tomber*, c'est-à-dire, qu'ils prennent l'auxiliaire *être* aux temps composés. Nous n'en mettrons ici que les premières personnes.

*CONJUGAISON des verbes réfléchis et réciproques.*

# INDICATIF.

### PRÉSENT.

Je me repens.
Tu te repens.
Il se repent.
Nous nous repentons.
Vous vous repentez.
Il se repentent.

### IMPARFAIT.

Je me repentais, etc.

### PARFAIT DÉFINI.

Je me repentis, etc.

### PARFAIT INDÉFINI.

Je me suis repenti *ou* repentie.

### PARFAIT ANTÉRIEUR.

Je me fus repenti *ou* repentie.

### PLUS-QUE-PARFAIT.

Je m'étais repenti ou repentie.

### FUTUR.

Je me repentirai.

### FUTUR PASSÉ.

Je me serai repenti *ou* repentie.

### PRÉSENT CONDITIONNEL.

Je me repentirais.

### PARFAIT CONDITIONNEL.

Je me serais repenti *ou* repentie. (1)

# IMPÉRATIF.

### PRÉSENT ou FUTUR.

*Point de première personne.*
Repens-toi.
Qu'il se repente.

Repentons-nous.
Repentez-vous.
Qu'il se repentent.

---

(1) *On dit aussi :* Je me fusse repenti *ou* repentie.

# SUBJONCTIF.

PRÉSENT *ou* FUTUR

Que je me repente.

IMPARFAIT.

Que je me repentisse.

PARFAIT.

Que je me sois repenti *ou* repentie.

PLUS-QUE-PARFAIT.

Que je me fusse repenti *ou* repentie.

# INFINITIF.

PRÉSENT.

Se repentir.

PARFAIT.

S'être repenti *ou* repentie.

FUTUR.

Devoir se repentir.

FUTUR PASSÉ.

Avoir dû se repentir.

PARTICIPE PRÉSENT.

Se repentant.

PARTICIPE PASSÉ.

Repenti, repentie, s'étant repenti *ou* repentie.

PARTICIPE FUTUR.

Devant se repentir.

1.<sup>re</sup> *Remarque.* Les pronoms *me, te, se, nous, vous,* qui servent de régime aux verbes réfléchis et réciproques, sont quelquefois régimes directs; comme dans ces mots: *Je me flatte,* c'est-à-dire, *Je flatte moi; tu te blesseras,* c'est-à-dire, *tu blesseras toi.* Quelquefois ils sont régimes indirects; comme dans ces mots : *Je me fais une loi,* c'est-à-dire, *je fais une loi à moi : il s'est fait honneur,* c'est-à-dire, *il a fait honneur à soi.*

2.<sup>e</sup> *Remarque.* Grand nombre de verbes

actifs et neutres peuvent devenir réfléchis ou réciproques. C'est ainsi que du verbe actif *réjouir*, et du verbe neutre *nuire*, on fait les verbes réfléchis *se réjouir*, *se nuire*, etc.

---

## Du verbe impersonnel.

On appelle verbe *impersonnel* celui qui ne s'emploie, dans tous les temps, qu'à la troisième personne du singulier, comme *il faut*, *il importe*, *il pleut*, etc. On le conjugue à cette troisième personne comme les autres verbes.

### Conjugaison des verbes impersonnels.

| PRÉSENT. | PLUS - QUE - PARFAIT. |
|---|---|
| Il faut. | Il avait fallu. |
| IMPARFAIT. | FUTUR. |
| Il fallait | Il faudra. |
| PARFAIT DÉFINI. | FUTUR PASSÉ. |
| Il fallut. | Il aura fallu. |
| PARFAIT INDÉFINI. | PRÉSENT CONDITIONNEL. |
| Il a fallu. | Il faudrait. |
| PARFAIT ANTÉRIEUR. | PARFAIT CONDITIONNEL. |
| Il eut fallu. | Il aurait fallu. (1) |

(1) *On dit aussi :* Il eût fallu.

SUBJONCTIF.

# SUBJONCTIF.

| Présent ou Futur. | Parfait. |
|---|---|
| Qu'il faille. | Qu'il ait fallu. |
| Imparfait. | Plus que-parfait. |
| Qu'il fallût. | Qu'il eût fallu. |

# INFINITIF.

| Présent. | Participe passé. |
|---|---|
| Falloir. | Ayant fallu. |

1.ʳᵉ *Remarque.* Le mot *il* ne marque un verbe impersonnel que lorsqu'on ne peut pas mettre un nom à sa place ; car, lorsqu'en parlant d'un enfant, on dit *il joue*, ce n'est pas un verbe impersonnel, parce qu'à la place du mot *il*, on peut mettre *l'enfant*, et dire : *l'enfant joue.*

2.ᵉ *Remarque.* Plusieurs verbes actifs, neutres ou réfléchis, peuvent s'employer impersonnellement, comme *avoir*, *faire*, etc.

*Exemples :*

Il y a *deux jours qu'il* fait *beau.*
Il est arrivé *de grands malheurs.*
Il s'est fait *une grande inondation.*

## TITRE 10.

### *Noms partitifs.*

Òn appelle ainsi les noms qui expriment une collection partielle ou la partie d'un plus grand nombre. Tels sont : *la plupart*, *une infinité*, *beaucoup*, *une troupe*, etc.

Observez que les noms partitifs, suivis d'un nom pluriel, veulent le verbe et l'adjectif au pluriel.

### *Exemples :*

La plupart des enfans sont légers.
Peu d'enfans sont attentifs.

Rappelez-vous que dans le sens partitif on met *de* et non *des* devant un adjectif, ce qui doit avoir lieu lorsque l'adjectif est placé devant le nom substantif.

### *Exemples :*

J'ai lu *de* bons livres, et non *des* bons livres.
J'ai vu *de* belles maisons, et non *des* belles maisons.

~~~~~~~~~~~~~

## TITRE II.

*Tableau de quelques expressions et cons-
tructions communes ou impropres, que
les enfans répètent souvent, d'après les
personnes privées d'instruction, et qu'il
importe de leur faire remarquer.*

| *Ne dites pas.* | *Dites.* |
|---|---|
| J'accommance la gram-maire. | *Je commence ma gram-maire.* |
| Il a tété, — il y en a 'tun, — moi zaussi. | *Il a été, — il y en a un, — moi aussi.* |
| La sable, — la sel, — chécun. | *Le sable, — le sel, — chacun.* |
| Quatre zieux, — un zieu, — aga donc. | *Quatre yeux, un œil, — regarde donc.* |
| Il est après écrire ou faire telle chose. | *Il écrit ou il fait telle chose.* |
| Voyez-voir, — écou-tez-voir. | *Voyez cela, — écou-tez je vous prie.* |
| Éclairer le feu, — allu-mer la lumière. | *Allumer le feu, — la chandelle.* |
| Asseois-toi, — balyer. | *Assieds-toi, — balayer.* |
| Du licieux, — la suif de cheminée. | *De la lessive, — de la suie.* |
| Une pariure, — déci-dament. | *Une gageure ou un pari, — décidement.* |
| Pain enchanté, — ar-manac. | *Pain à cacheter, — un almanach.* |
| Je me suis levé aupa-ravant toi. | *Je me suis levé avant toi.* |
| Il a des torts vis-à-vis de moi. | *Il a des torts envers moi, ou à mon égard.* |

J

Travaillons durand que nous pouvons.

Il reste bien à venir.

Il fait bin bien, — il fadra.

Je suis été en campagne.

Il vat à l'avance.

En erriére, — dernier moi, — une billette.

Il m'a dit comme ça.

N'as-tu rien vu mon livre?

Du fil d'arichal, — la fumelle.

Où-ce qu'il est?

Menez moi zy, — donne moi zen.

De bonne légumes.

Ce n'est pas bon comme je croyais.

Une chevillère, — un cuiller.

Descendre en bas, — monter en haut.

Tu zy verras, — j'y ferai.

Un paire de souilliers.

Une pale, une groule.

J'ai mangé des courges, des riz, des zoseilles.

De la vermicelle.

J'ai redressé mon livre.

Avanzier, — un arguillon.

Un collidor, — une suspente.

---

*Travaillons pendant que nous, etc.*

*Il tarde bien à venir.*

*Il fait assez bien, — il faudra.*

*Je suis allé ou j'ai été à la campagne.*

*Il va d'avance.*

*En arrière, — derrière moi, — un billet.*

*Il m'a dit que.*

*N'a-tu pas vu, ou as-tu vu, etc!*

*Du fil d'archal, — la femelle.*

*Où est-il!*

*Menez y moi, — donne m'en.*

*De bons légumes.*

*Ce n'est pas aussi bon que je le croyais.*

*Un ruban de fil, — une cuiller ou cuillère.*

*Descendre, — monter.*

*Tu le verras, — je le ferai.*

*Une paire de souliers.*

*Un chiffon, une savatte.*

*De la courge, du riz, de l'oseille.*

*Du vermicelle (prononcez vermichelle).*

*J'ai serré ou enfermé.*

*Avant-hier, — un ardillon.*

*Un corridor, — une soupente.*

Un remouleur, — un ganif.

Un émoleur, — un canif.

Voyons voir cette esta-tue.

*Voyons ou regardons cette statue.*

Il a le loquet, — un jeu d'eau.

*Il a le hoquet, — un jet d'eau.*

Un sieau d'eau, — de la bonne amadou.

*Un seau d'eau, — du bon amadou.*

Nous fûmes nous pro-mener, — le rouille.

*Nous allâmes, etc. — la rouille.*

J'ai une écharpe au doigt.

*J'ai une écharde dans le doigt.*

Enterrer le feu, — il vat en ville.

*Couvrir le feu, — il va à la ville.*

Tant pire, — racro-quer.

*Tant pis, — ratraper.*

Faire chauffer de l'eau chaude, — envaler.

*Faire chauffer de l'eau, — avaler.*

Je demanda, — la cra-maillère.

*Je demandai, — la crémaillère.*

Depuis là, — celui là là.

*Depuis, — celui-là.*

Des zannetons, — des zaricots.

*Des hannetons, — des haricots.*

Quelle heure qu'il est?

*Quelle heure est-il!*

Un sentinelle, — un ealonnier.

*Une sentinelle, — un canonnier.*

Un enfant mal induqué.

*Mal élevé.*

Et beaucoup d'autres.

Ne confondez pas *près de* avec *prêt à*, *près de* veut dire qui n'est pas éloigné; — il signifie aussi *sur le point de*. Ainsi dites ce mur est *près de* tomber, et non *prêt à* ou *prêt de*. *Prêt a* s'emploie pour signifier *disposé à*; ainsi dites je suis *prêt à* partir et non *près de* ou *près à*.

Ne confondez pas *à la campagne* et en *campagne*; une armée entre en *campagne* et nous allons *à la campagne*.

Ce qui tient à la terre, *tombe par terre*, comme un homme, un arbre ; ce qui est au-dessus de la terre, sans y toucher, *tombe à terre*, comme le fruit d'un arbre, une tuile ; etc.

### Conclusion.

Le principe étant infiniment précieux ; je n'ai présenté dans cette méthode que ce qui était absolument indispensable pour apprendre promptement et suffisamment l'orthographe de principe. Quant à l'ortho-graphe d'usage, qui n'est fondée que sur l'étymologie et la coutume d'écrire un mot d'une manière plutôt que d'une autre, il n'est point de règles sûres à tracer pour cette partie ; j'ajouterai qu'il suffit pour faire des progrès dans cette orthographe, de LIRE ET COPIER BEAUCOUP ET AVEC ATTENTION, soit de la prose, soit des vers.

Ici se termine cet abrégé dont je fais hommage à la jeunesse. Par-tout on enseigne publiquement les langues, les mathématiques, l'histoire : voilà pour les riches ; ceux-ci trouvent des ouvrages et des professeurs. Le pauvre n'a besoin que de l'ortographe, et il se trouve peu d'établissemens où il puisse l'apprendre ; puisse cette

méthode lui en tenir lieu, puisse-t-elle
être utile aux jeunes enfans pour qui je l'ai
particulièrement dressée, et alors je pourrai
dire avec satisfaction, ET MOI AUSSI J'AI
FAIT UN LIVRE.

# TABLE DES MATIÈRES

Fin de la Table.

# A V I S.

M. Guillon donne chez lui des leçons publiques et particulières. Il enseigne aussi la belle écriture et la tenue des livres. Il a l'honneur de prévenir les pères et mères qu'il réunit en outre, dans son pensionnat, les études de la langue latine, de la géographie et des mathématiques. Les mœurs et la religion y sont très-particulièrement soignées.

. M. Guillon traite, de gré à gré, avec les parens pour le prix de la pension. Son pensionnat est situé rue des Vieux-Jésuites, n.° 19, dans un local vaste, aéré et propice sous tous les rapports.

www.ingramcontent.com/pod-product-compliance
Lightning Source LLC
Chambersburg PA
CBHW070759290326
41931CB00011BA/2077